教育家精神传习录

总顾问　顾明远

大爱无涯

走近李振华

李振华　陶继新　著

山东教育出版社

·济南·

U0641207

图书在版编目（CIP）数据

大爱无涯：走近李振华 / 李振华，陶继新著.
济南：山东教育出版社，2025. 2. --（教育家精神传习
录）. ISBN 978-7-5701-3569-1

Ⅰ. K825.46

中国国家版本馆 CIP 数据核字第 2025GB6895 号

选题策划：周红心
责任编辑：周红心
责任校对：付　羽
装帧设计：闫　姝

DAAI WUYA：ZOUJIN LI ZHENHUA

大爱无涯：走近李振华

李振华　陶继新　著

主管单位：山东出版传媒股份有限公司
出版发行：山东教育出版社
　　　　　地址：济南市市中区二环南路 2066 号 4 区 1 号　　邮编：250003
　　　　　电话：（0531）82092660　　网址：www.sjs.com.cn
印　　刷：济南鲁艺彩印有限公司
版　　次：2025 年 2 月第 1 版
印　　次：2025 年 2 月第 1 次印刷
开　　本：710 毫米 × 1000 毫米　1/16
印　　张：11.5
字　　数：150 千
定　　价：50.00 元

（如印装质量有问题，请与印刷厂联系调换）印厂电话：0531-88665353

　　教师是立教之本、兴教之源。习近平总书记提出并全面阐释的教育家精神，体现了对师道文化的传承和光大，为加强新时代教师队伍建设提供了根本遵循。

　　"教育家精神传习录"是一套彰显和传播中国特有的教育家精神的丛书，旨在通过弘扬教育家精神，以教育家的格局、视野、情怀、智慧全面引领提升教师素养，聚力办好人民满意的教育，进而为建设教育强国奠基。

　　本丛书主角均系我国当代著名教育家，他们践行着孔子"有教无类"的原则，因材施教于不同的教育群体，产生了积极而又显著的效果。从他们身上折射出来的大爱无涯的精神光芒，照亮了无数青少年的前程，从而引领广大青少年在登临成功殿堂的时候，也将大爱洒向人间。于是，孔子和孟子"仁者爱人"的思想，就有了星星之火点燃燎原之势的壮丽之美。

　　走进当代教育家的心灵世界，还会发现，他们几乎无一例外地有着孔子高足曾子那种"士不可以不弘毅"的历史担当。他们在走向成功的道路上，躬身践行了孔子"己欲立而立人，己欲达而达人"的"忠道"精神，助推更多的有志之士获得成功、创造辉煌。他们积极弘扬立己达人的精神，在创造自身生命奇迹的同时，也引领更多的人担当起复兴教育的重任。

"人皆可以为尧舜。"每一个人都有着巨大的生命潜能，遗憾的是，这种潜能在很多人身上没有被开掘出来，甚至处于死寂状态。本丛书所写的教育家，不但让自身的潜能勃然而发，而且都秉承着孔子那种"发愤忘食，乐以忘忧，不知老之将至"的终身学习的精神。这种一以贯之之行，让他们成就斐然，在教育界甚至整个社会上产生了巨大的影响。他们不只是在教育理念乃至中外文化上有着很深的造诣，而且又像至圣先师孔子那样，始终行走在教育实践的道路上。他们明白一个道理，即使学富五车，理论高深，如果束之高阁，也会像天上的白云一样，一阵风刮来，便会了无踪影。可将理论与实践有机结合起来，则不但让其本人生成巨大的生命能量，还会产生深远的影响。

我所说的影响，还有一个重要的特点，就是拥有百姓认可的口碑。孟子说："得天下有道：得其民，斯得天下矣。"我们同样可以这样说："得教育家之誉有道：得其民，斯得之矣。"教育家扎根于百姓教育的沃土之中，不仅当下生命常青，还会流传后世，在代代相传中，永远闪耀着智慧之光。

对于一般教师而言，也许终生难以登临教育家的精神殿堂，但"虽不能至，然心向往之"。当更多的教师向教育家致敬的时候，念念在兹于学习教育家精神的时候，其思想境界与教育水平必然会水涨船高，孩子们也就有了健康成长、全面发展的可能，才会在未来为社会做出更大的贡献。从这个意义上说，教育家精神的传播，是个体的需要，更是集体的需要、国家的需要。

本丛书之所以采取对话的形式，是受到对话体《论语》《理想国》等国内外教育巨著的启发。对话不只是有现场感，双方在对话的时候常常会碰撞出思维的火花，让灵感的女神不期而至，对话内容随之有了水到渠成乃至妙笔生花之美。

本丛书大多是陶继新先生与教育家的即兴对话，由现场录音整理而成；有的是他与教育家研究者用文字对话而成。在陶先生出版的近70本著作中，对话体占了半壁江山。要想面对不同对象即兴而言，不只需要一种口头表达能力，更需要一种理论与文化功底，尤其是需要实践的支撑。因为书中很多鲜活的案例，都来自他几十年在全国各地采写的典型，所以，当对方谈及某个问题的时候，记忆的火花就会在他的大脑中立即闪现出来。

我非常欣赏"教育家精神传习录"这一丛书名。现在举国上下都在传播教育家精神，而"传习"二字会让人不由自主地想到曾子所言"传不习乎"，以及明朝哲学家王阳明的《传习录》一书。它是在发出强有力的呼吁：古代圣贤重视"传习"，当前，我国教育事业正处在加快高质量发展、建设教育强国的关键期，我们更应当传播和践行教育家精神。

本丛书不仅有着很高的精神价值和实践意义，而且摇曳着文化的韵味。非常期待它的出版，相信它会产生积极而深远的影响。

顾明远

2024 年 12 月 28 日

目录

序

2024 年 2 月初，朋友向我推荐了刘俊奇先生的长篇纪实文学作品《燃灯人》，不读则罢，一读竟不忍释卷。

李振华老师大爱无涯的高尚品格，其曲折离奇的人生阅历和感天动地的事迹，汇聚成一条滔滔不绝的河流，时时拍打着我的心灵堤岸，让"男儿有泪不轻弹"的我一次次泪流满面，慨叹不已。

如果说我是"披文以入情"地走进了李振华老师波澜壮阔的精神世界，那么，刘俊奇先生则是"情动而辞发"地用心抒写，成功塑造了这样一位真实而又撼人心魄的杏坛楷模，一位真正的"人类灵魂工程师"。

刘俊奇先生在近 20 年时间里，一次次走近李振华，走进他的内心世界，一次次走进沂蒙山区，走遍了李振华工作过的地方，然后用两年多的时间，写就了这样一部讴歌人民教师的史诗般长篇巨著。作者不只是记录了李振华从 16 岁到 87 岁长达 71 年的从教历程，更是将自己的真挚感情与对教育的感悟、对师德的理解与赞美融入其中，从而形成了心灵的互动与情感共鸣，让读者沉浸在绵绵不绝的感动与思索之中。

如果说，阅读过程中能够时时感受到一种情感波澜在涌动、激荡的话，那么李振华老师高尚的人格形象恰如一座丰碑，巍然屹立在我们面前。

不过，有人在为李振华老师大爱义举深深感动的同时，也或多或少地为其一次次有悖"常理"的抉择而感到不解与遗憾。

一是生活与工作环境。如果在"六朝古都"南京与当时还十分贫困落后的沂蒙山二者选其一，人们可能会不假思索地选择南京。而那个时候只有17岁的李振华却选择了沂蒙山腹地最偏远的一个山村学校；更让人无法理解的是，与他一起来山区支教的40多个青年学生先后返回了城市，李振华却一辈子留在了这里。

二是当年在南京的女朋友一次次深情召唤，乃至发出最后"通牒"时，李振华为了改变山区孩子的命运，为了自己的初心，选择了与女朋友诀别，绵绵的爱情之火由此而熄灭。后来他与一位同为山村教师的沂蒙山姑娘结为夫妻，并在长达28年的时间里一直两地分居，妻子一个人带着孩子在另一个偏僻的乡村学校教学。少了卿卿我我的爱情生活，却共同演绎了一曲"仁者爱人"的动人乐章。

三是在李振华的父亲病危乃至去世、家里一次次发电报催其回去的时候，为了即将高考的学生，他把巨大的悲痛埋在心底，却让正在读高三的儿子代他前往南京。儿子别无选择，只能放弃高考，最终成为化肥厂的一名工人，并且很快在企业改制中下了岗。面对人们的不解与孩子委屈、幽怨的目光，李振华内心的纠结与愧疚可想而知。人们经常称道孟子"老吾老以及人之老，幼吾幼以及人之幼"的境界之美，可是，能够登临这样的精神殿堂者，古往今来能有几人？李振华老师不仅抵达了这样的境界，而且他爱别人的孩子胜过爱自己的孩子。

四是从当年来沂蒙山区支教时的风华正茂，到今天的耄耋老人，李振华一直行走在捐资助学的路上，无怨无悔。从70年前每个月拿出四分之一的工资，到今天每个月的退休金只留下500元用于个人生活，他几乎把所有的一切都献给了山里的孩子和身边的孤寡老人。即使是在他的三个孩子生活困难时期，刚刚退休的李振华也义无反顾，把家里仅有的15 000元积蓄和刚刚到手的"国务院政府特殊津贴"拿出来，在自己曾经工作过的韩旺中学、张家坡中学、沂源县实验中学分别设立了"振华奖学扶困基金会"，而留给子女的，只是记录他人生经历的一盘录像带、一本写他的书——《红烛》，还有沂源县委关于开展向他学习活动的一份文件。如今，"振华奖学扶困基金"已经滚动发展到530万元，资助和奖励了万余名学生和优秀教师。流传甚广的李振华老师外出"打工挣钱"一事，说的是：他应聘到一所民营学校担任初中部校长8年，把所得的近50万元薪酬全部用于助学，他甚至捡废品换钱，帮助那些特困家庭的孩子读书。即使是自己的孩子失业在家，他依然不改初衷。试问：能够达此境界者，天下能有几人？

李振华老师生活之节俭，更是让常人无法理解。我们形容一个人的简朴，常常用"粗茶淡饭"这样的词汇，而李老师不仅不喝酒，不抽烟，甚至连粗茶也不喝，一年到头喝的是白开水，吃的是白菜、萝卜、南瓜、窝窝头。一件衣服要穿一二十年，一块手表戴了60多年，一辆自行车骑了40多年。在乡村学校工作的几十年里，他没进过一次理发店，自己买来理发工具，与学生们相互理发。

李振华长年累月在山村学校及学生家访的路上奔波，一年要穿坏好几双鞋，被誉为"布鞋校长"。有人说他太过清贫，而在我看来，他是一个精神富有者。他虽然只有三个儿女，他一辈子教过的一万多名学生，又何尝不是他的孩子？这些学生们也将李老师视作父亲、爷爷，有的情不自禁地叫他"李爸爸"。他的学生不可能每个人都会像老师那样节俭，也未必每个人都能像老师那样一辈子捐资助学，但是他们从老师身上汲取的精神营养，足以让自己的生命发出别样的光芒，在照亮自己前程的同时，也会将这种美德之光折射出来，为社会送去一份美好。唐守贵、任纪兰、张文强等许多学生以李振华老师为楷模，无私奉献社会，他们的事迹同样催人泪下。

李振华老师1953年初到韩旺小学时，城乡之间巨大的落差，曾对他产生了难以想象的冲击。视其为自家孩子的父老乡亲连夜凑布凑棉花，为他缝制棉衣棉鞋，不仅温暖了他的身体，更温暖着他的心。初到韩旺时，清明节的那18碗水饺让他铭记终生。那时，把工资资助了学生的李振华，过春节时竟然连买肉的两块钱也拿不出来。生活同样贫困的乡亲们把自家准备过年的鸡鱼肉蛋送到他的家里，挂在他的大门上和门口的树上，然后悄无声息地离开。开门时看到那么多年货，李振华的脸上顷刻间爬满了泪水。他责令儿子一一退还时，村民张兴泉的那句话同样让人泪流满面："李老师啊，您就不要难为孩子了！常言说'人心换人心，八两换半斤'，您对学生们的好，乡亲们欠您的情，就是一辈子也还不清啊！"

人非草木，更何况父子情、母子情？父亲去世，母亲因为过度悲伤加之身边无人照料，突发脑出血而瘫痪，南京教育部门发来李振华的商调函。尽管对乡亲们和学生有着太多的不舍，而几十年对父母的亏欠时时撞击着李振华的心扉，他不得不调回故乡南京，到母亲身边尽孝。可是，当凌晨4点多钟推开家门的时候，他一下子被面前的情景惊呆了——大街小巷站满了为他送行的乡亲们。人们默默无语，脸上的泪水静悄悄地流淌，虽有无限的留恋与不舍，还是祝愿好人一路平安。当小女孩兰兰捧着那个本来不属于她的铅笔盒来到李振华的女儿跟前，啜泣着说"海英姐别走……"时，顷刻间李振华泪如泉涌；他的那一句"我李振华不走了！"又瞬间震惊和感动了现场每一个人。

这感人肺腑的一幕，定格在了李振华史诗般的教师生涯中。沂蒙山父老乡亲的深情厚谊，同样谱写了一曲沂蒙精神的动人乐章——既然李老师不能回南京照顾母亲，我们何不替他尽孝？于是，在10年时间里，先后有8个家庭的女孩子争相去南京伺候老人。在她们的精心护理下，偏瘫卧床的老人竟慢慢地康复了。于是，便有了83岁老人为了儿子安心在沂蒙山区工作，毅然决然离开南京到沂蒙山生活的感人之举。因为千里路途的颠簸和"水土不服"，老人最终不幸离世，这样的故事让多少人扼腕叹息！

李振华曾经发表过一篇文章《在沂蒙精神的激励下》。有人说，是伟大的沂蒙精神奠定了他一辈子扎根沂蒙山区的思想基础，而李振华以无涯的大爱点亮无数学生的心灯，更让沂蒙精神熠熠生辉。这种高尚情感互动而折射出来的精神光芒，是何其伟大与灿烂辉煌！

2001年，韩旺的乡亲们自发捐款，为李振华竖起一尊汉白玉半身雕像。塑像作为一种文化符号和精神象征，一般是为伟人、圣人、哲人或者有大功勋、大建树者而塑，以彰其功德，颂其伟业并奉其为楷模。在我们这个有着深厚传统文化积淀、讲究"盖棺定论"的国度，有谁见过为一个依然健在的普通老师塑像的吗？

2009年，在李振华工作过的张家坡中学校园里，又竖起了一座"振华奖学扶困基金"纪念碑。

2012年，沂源县在原城关二中旧址建起了"李振华事迹展厅"，展厅每天吸引着来自全国各地的参观者。展厅里一幅幅珍贵的图片、一件件浸透着沧桑感的实物，令人肃然起敬、慨叹不已。特别是留言簿上那些发自肺腑的滚烫文字，以李振华老师为榜样的豪言壮语，无不表达着人们的心声。

2015年，山东省教育厅发出了《关于开展学习李振华同志先进事迹的通知》。

当人们对李振华老师敬而仰之的时候，是否想过他的三个儿女——他们原本可以在儿时就回到故乡南京，或者到舅舅工作的济南工作和生活，却因为父亲对山村教育的执着而一次次化为泡影；他们原本可以考大学，却为了减轻父母的经济负担不得不提前就业，或者为了父母的事业而顾全大局，放弃了高考。李振华的女儿参加工作时只有 15 岁，为了能够被录用而虚报了年龄。山区的同龄人一个个改变了命运，而他们兄妹却因为没有受过高等教育，只能在企业上班，所以，许多人认为李振华愧对自己的子女。从一般意义上来说，的确如此，而我却认为，李振华的儿女们正是以自己的牺牲为代价，成就了沂蒙山更多的孩子。父亲的学生中既有省部级高干，也有国内外著名专家。谁又能说，这些学生取得的成功中，没有李振华子女的付出？尽管这些付出甚至是牺牲鲜为人知，并未出现在光荣榜上，没能引人瞩目；可是他们以自己的行动，谱写着一曲与父亲同样波澜壮阔、撼人心魄的奉献者之歌。真的是"道是无情却有情"，如果说李振华是"活着的雕像"，那么他与父母、妻子、儿女们组合而成的，则是奉献者的群像！

　　为了更加深入地了解李振华老师，在阅读长篇纪实文学《燃灯人》的同时，我还收集浏览了大量介绍李振华事迹的文章、视频等。在许多次感动流泪的同时，我得到了精神的洗礼与灵魂的净化，并不由自主地生发出"虽不能至，然心向往之"的敬仰感。

今天，拥有"全国教育系统劳动模范""全国离退休干部先进个人""全国关心下一代工作先进个人""全国关心下一代'最美五老'"等众多荣誉称号的李振华，依然是那样的低调与谦恭。我在电话采访他的过程中，自始至终沐浴在真诚与谦卑的生命里。他说自己就是一个普普通通的教师，是沂蒙山区的一个普通百姓，真的没有什么可以值得书写和宣传的。

可是，他却在我的心里矗立起一座巍巍的精神丰碑，拜见与当面采访他，就成了一种挥之不去的情结。

9月14日，在刘俊奇先生的陪同下，在沂源李振华事迹展厅，第一次拜见了李振华老师。他穿得极其简朴甚至有点"寒酸"，但脸上却荡漾着质朴而高雅的微笑，让我有一种相见恨晚的感觉。

9月25日，还是在刘俊奇先生的陪同下，我一大早便乘车往沂源飞奔而去。10时许，就在事迹展厅里，与李振华老师面对面地坐在了一起。

我们的对话交流没有片纸文稿，是真正意义上的率性而谈。刘俊奇先生的手机与沂源教体局宣传科宋尚健的相机同时录像，我的录音笔同步录音。

让所有人，包括先后采访过李振华老师10年之久的刘俊奇先生和李老师的得意门生张文强感到惊奇的是，对话一开始，一向少言寡语的李振华老师，思维敏捷，侃侃而谈，直到傍晚结束对话之前，依然呈现出意犹未尽的近乎亢奋的状态。这让我激动不已的同时，思维的双翼也飞扬起来，即时对其所谈给予必要的理论提升与呼应。我惊诧于自己何以会在那种毫无准备的情况下，即兴说出那么多让我相对满意的话语。

回到济南当晚，我便将录音文件转换成文字。虽然李振华老师的南京方言和沂源方言转换出的文字很难看懂，但是李老师自己能够看懂，张文强又能协助整理，所以三人在对话基础上对实录文稿的整理比较顺利。

我非常珍视这次对话：一是感恩于刘俊奇先生以及他的著作《燃灯人》的"穿针引线"，不然，我不可能如此深入地走进李振华老师的精神世界；二是能与他合著这本书，是我莫大的荣幸；三是作为山东教育出版社即将陆续推出的"教育家精神传习录"的第一册，本书有着非同寻常的特殊意义。

所以，期待这本书的问世，同时，也希望更多的读者通过这本书走进李振华老师崇高的精神世界，从而让教育家精神在中国更多的地方绽放光彩。

陶继新

2024 年 10 月 9 日

第

壹

章

自幼至今，爱党爱国

一、童年时代的爱国情缘

李振华 1937 年 11 月我出生于南京。在很小的时候，就经常听父母讲，我出生不久，日寇攻占了南京城。日寇进城以后无恶不作，对我手无寸铁的同胞进行了长达 6 周的惨绝人寰的大屠杀，枪杀和活埋 30 多万人。

为了免遭日本鬼子的屠杀，父母亲带着家人东躲西藏，整天提心吊胆、万分恐惧，因此，我对日本鬼子怀有刻骨的仇恨。

陶继新 父母亲带着家人东藏西躲，是担心日本鬼子的残害，同时，你的心里种下了一颗仇恨日本鬼子、反对日本侵略者的种子。

李振华 抗战胜利后国民党重回南京，我又亲眼见到国民党军队欺压百姓的情景。给我印象最深的是，一次我在市场上看见国民党军队的一个司务长把一位农民卖的一罐豆油提起来就走，也不给钱。那个农民跟他要钱，结果被他踢倒在地。他还骂骂咧咧："还跟老子要钱，是不想要命了吧！"这个事情让我非常震惊，国民党军队欺压百姓，给我留下了深刻的坏印象，心里感觉到很气愤。

陶继新　国民党军队横行霸道，让老百姓认清了国民党的真面目，并丧失了民心。而这些，都深深地印在了你的记忆里。

李振华　我出生在一个知识分子家庭，祖父是一位私塾先生，父亲是个老师。在国民党统治时期，老师都是聘任制，一年聘一次，所以说你要想被聘上，必须花钱送礼。我父亲这个人性格很刚强，他不愿意做这些违心事，所以经常失业。

我们全家的生活就靠我父亲的薪水来维持，他一旦失业，家庭生活就非常困难了。那时候的我虽然年幼，却不得不参加劳动挣钱，为家庭减轻一些负担。我挑着篮子卖过青菜，卖过扫帚、盐……我对那个旧社会十分痛恨！

陶继新　我认为你父亲很了不起！在那个年代，老百姓的生活相当艰苦，可他不为稻粱谋，一身正气，不愿意做违心的事，这必然让你们本来就比较困难的家境雪上加霜。而他的凛然正气，也在无形中传递到了你的身上，让你像父亲一样，从小到大，都有一身浩然正气。

李振华　后来南京解放了，解放军进城的时候，市民全跑到街上去，打着欢迎解放军的横幅，敲锣打鼓迎接解放军进城。看到当时的情景，我很受感动。我记得，那天下了一整天的毛毛细雨，特别是晚上的时候，气温很低，虽然很多老百姓拖着解放军到家里住宿，但浑身湿透的解放军就在马路两边的屋檐底下睡觉，绝不肯打扰老百姓。

当时我一看，这个部队不一样，内心很惊讶，怎么会有这样好的部队？因此，当时就对共产党这支部队有了十分美好的印象，与国民党军队形成了鲜明的对比。

陶继新　孟子有两句话说得好："得天下有道：得其民，斯得天下矣。得其民有道：得其心，斯得民矣。"共产党正是因为得了民心，才得到了老百姓的拥护与爱戴。老百姓是亲眼所见、亲身感受到，共产党是真爱老百姓的。老百姓心中才有了一种期待，那就是只有共产党取得胜利，老百姓才能安居乐业。正是由于有了这份感受、这份期待，老百姓才敲锣打鼓欢迎解放军，这是发自内心的必然行动。而身处彼时彼地的你，一颗热爱祖国的种子也就埋在了心里。

二、青少年时期发愤读书

李振华 解放了，看到了希望，因此小的时候就立下志愿要发愤读书，将来报效祖国。心里怀着这种理想，上学的时候就比较刻苦。比如小时候家庭比较困难，晚上用不起大瓦数的灯泡，只能用 5 瓦的，灯光很微弱，看不清。为了不影响学习，我就到马路边，在路灯底下学。

陶继新 这些年我在对教育教学的研究中发现一个问题——一个学生的成绩优劣，与其是否有学习动力有着特别重要的关系。而你，则有着一种巨大的主动学习的动力，它来自父母，也来自你对报效祖国的一腔热情。因为只有学到更多的知识才能更好地成为新中国的建设者，所以，虽没有人催促你学习，你的内在动力却始终支撑着你发愤学习，于是就有了学习的高效率与好成绩。

李振华 那时我学习特别勤奋、特别刻苦，只有一个目标，就是长大后报效祖国，发挥自己的力量，负起个人的责任。这个志向不仅仅影响我的少年时代，也让我的一生充满了动力，且在当时幼小的心灵中埋下了一颗红色的种子。

由于学习很勤奋，上小学的时候我跳了两级，实际上我只上了三年（当时小学实行五年一贯制）就上中学了。那时，初高中也是五年一贯制，所以我年龄比较小就考上了南京师范学院。

陶继新 那个时候别说农村孩子，即使像南京那样的大城市的孩子，能够考上南京师范学院者也是凤毛麟角。我是 1948 年出生的，比你小了 10 多岁，我却是我们当时那个 1000 来人的村庄里第一个上高中的学生，是村里人羡慕的对象。如果能考上大学，人们还不更加敬佩啊！我认为，除了一种在你的心里激荡不已的报效祖国的动力，你还是一位很会学习的人。教育学论作《学记》如是说："善学者，师逸而功倍，又从而庸之。不善学者，师勤而功半，又从而怨之。"意思是说：善于学习的人，老师费力不大却可以达到事半功倍的效果，而且还会归功于老师；不善于学习的人，老师教得非常辛苦可效果却是事倍功半，而且还会抱怨老师。看来，你的会学善学对于提高效率与成绩也起到了很大的作用。

还有，在你一次次跳级而成绩又很优秀的时候，你的心里还会生成一种自信心与自豪感，这些也是学习高效不可或缺的重要元素。由此而洋溢在你心中的喜悦之情，也会在无形中助推你的学习效率与质量的提升。这些，对于今天的学生来说，都有着极大的借鉴意义。

李振华 我在学校读书的时候，经常听老师们讲一些革命故事，以此引导我们学习英雄模范人物的事迹，例如讲沂蒙老区的革命故事，特别是讲沂蒙"红嫂"、沂蒙"六姐妹"时，我听了非常感动，都掉眼泪了。我心里一直在想，老区人民对中国革命做出了这样大的贡献和牺牲，自己是个年轻人，没有为国家做过什么，很是惭愧。我暗下决心：如果有机会，将来一定到老区去做些自己应该做、能够做的事情，弥补自己的不足。再回忆起解放军进南京城时的情景，我确信了中国共产党所做的一切都是为了人民，所以才得到老百姓的拥护与支持。

陶继新　当时，你是一位热血青年，对未来充满美好的期待与向往。你虽然没有到过沂蒙山区，可那个地方的山山水水和老百姓已经在你的心里留下了美好的印象。我在想，这些，也许在无形中成了你以后走进沂蒙山区的一个序幕。即使不能至，也已心向往之。

三、六年八份入党申请书

李振华 我是 1959 年入党的，65 年的党龄，党培养了我 65 年。因为从小就对旧社会、对日本鬼子、对国民党反动派那么反感，那么仇恨，看到共产党确实是一切为了人民，就对党有了深厚的感情。我从来到沂源后的第二年起开始写入党申请书，连续写了六年，共写了八份。其间，我不断地找老书记谈心，学习党章。1959 年入党时，我激动得掉泪了，当天写下一篇日记《难忘的今天》。我边写边流泪，泪水滴落在字里行间，最后我写下一句话：一名党员就应该是一面旗帜，一面旗帜就应映红一片蓝天。这就是我自己的一个誓言。

陶继新 这是你自己写的，也是你自己想的，还是你自己做的。六年写八份入党申请书，终于如愿以偿，当时你的激动与高兴可想而知。你对党的感情非常深，成为一名共产党员是你梦寐以求的事情。梦想成真让你有了更大的发展动力，进而做出了更大的贡献。

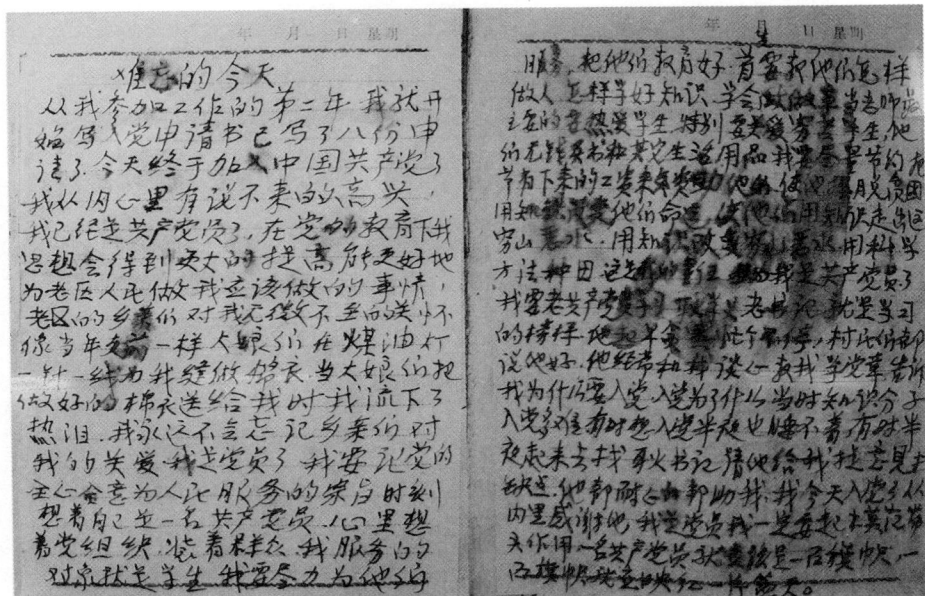

日记《难忘的今天》

四、传承弘扬教育家精神

李振华 现在党和政府把教育放在一个重要战略位置，我觉得特别好。教育强国，人才强国，科技强国，而科技也好，人才也好，终归要靠学校培养，而学校的主体是老师。2023 年，习近平总书记深刻阐释了中国特有的教育家精神的时代内涵。2024 年，《中共中央 国务院关于弘扬教育家精神加强新时代高素质专业化教师队伍建设的意见》发布。作为一名退休教师，我也通过讲座等形式大力弘扬教育家精神。

陶继新 今年教师节之前，我在全国一些地方讲课的时候，常常讲到教育家精神，自然也谈到你，听者都被你的精神深深感动了。因为你本身就是个教育家，做人做事都折射出一种教育家精神。我认为这也是爱党爱国的一种表现。

李振华 我对中国共产党有着无限的热爱，对沂源有着深厚的感情，所以各项工作我都积极地去做。退休了，按理说我也应该回老家了，但我没有回去。为什么不回去？我的想法就是，在这里继续传承与弘扬沂蒙精神。我总结出三句话：沂蒙精神感召我来到这里，沂蒙精神把我留了下来，现在的我要继续传承、弘扬沂蒙精神。

陶继新　从小时候到现在，沂蒙精神都是你心里的一座巍峨的丰碑，它给你生命的力量，让你矢志不渝地走向前方。不管遇到什么困难，即使牺牲自己的利益，影响自己儿女的发展与前途，只要为了沂蒙的教育，你都可以忍痛割爱。从你的身上，我看到了一个真正的教育家悲壮的生命行走史。

学习李振华事迹，弘扬教育家精神
师德师风主题教育活动
2024年5月18日

在师德师风主题教育活动中作讲座

第

贰

章

支教沂源，初历磨难

一、响应号召，支援山村教育

李振华　我考取南京师范学院刚刚半年的时候，党中央发出了"知识青年到党和人民最需要的地方去"的伟大号召。当时我非常高兴，感到机会来了，所以积极地报了名。经过学校党委挑选，我们有 45 个人来到了山东，还有到其他地方去的。

陶继新　响应党的号召，到最需要的地方去，是你们这一批青年大学生的心愿，所以，你们不仅积极报名，而且很快成行，来到了山东。这虽然已经成为历史，可这种舍小我而献身祖国教育事业的壮举，到今天依然闪耀着精神的光芒，成为青少年乃至所有人学习的楷模。

李振华　当时，山东省教育厅的工作人员把我们带到济南后，便公布了分配方案。公布的时候我一听被分配到潍坊，就找到领导说我不愿意去潍坊，愿意到沂蒙老区去。领导说："你从小在城市长大，年龄这么小，沂蒙老区的环境比较艰苦，你受不了。"当时我坚决不同意，就一次次地去请求。最后终于按照我的意愿，把我分配到了沂蒙山区的沂源县韩旺小学。

陶继新　现在的大学毕业生，有的也像你一样，奔赴到了祖国最需要的地方。但不可否认，也有的大学生千方百计要留在城市尤其是大城市，至于说到条件艰苦的乡村去，对于他们来说，简直是谈虎色变。你主动报名来到山东，已经让人敬佩不已了；而不"服从"分配，主动申请到条件很差的沂源去，则更让人敬仰了。不过，这种选择并非你一时的感情冲动，而是源于沉淀在你内心深处的一种精神追求。这种精神不仅在那个时代难能可贵，对于现在的大学生就业也有着极其重要的启示意义。

李振华　那时候我们这一代人基本上都这样，我们的想法基本上都是差不多的，即听党的话到最艰苦的地方去是最光荣的。我之所以能够到沂蒙老区来，就是一句话：我是在沂蒙精神的感召下来的。这是我的理想，但理想和现实有一定的差距，要真正实现自己的理想就必须经过无数次艰辛的考验。如果你经不住考验，再好的理想也会像肥皂泡一样脆弱而不可能实现。

陶继新　是啊，沂蒙山区那些嗷嗷待哺的孩子，不正是当年"红嫂""沂蒙六姐妹"那一代人的后代吗？他们需要知识啊！而你，正是怀着对沂蒙"红嫂""六姐妹"的无限敬仰，为了让老区的孩子拥有知识从而改变他们的命运，才千里迢迢来到沂蒙山区的。当然，未知的困难与磨难，也在等待着你；经受住考验，方能凤凰涅槃，否则就会前功尽弃甚至一事无成。

二、行途艰难，备尝跋涉之苦

李振华　从现实情况来看，沂源与南京有着很大的落差。我是正月十六分配到沂源的，从济南坐火车到博山站后，我打听到从博山到沂源没有公路，必须步行110里的山路。为了减少步行的里程，我从博山坐小火车到了20里外的八陡镇。我背上背包，手提一网袋的书，开始了通往沂源的行程。

我记得那时候下了一场大雪，路上特别难走，羊肠小道，上山下山，一走一滑，不知摔过多少次跤。为了防滑，我在路边捡了一些打捆瓷器的草绳绑在鞋上，深一脚浅一脚艰难地往前走。晚上10点多了，还没有走到沂源县城，只看到前方白茫茫一片，感到又饥又渴，有

来沂源的路上（专题片《您好，老师》截图）

时还听到嗷嗷的狼嚎声，很是恐惧。我实在走不动了，愁得眼泪直往下掉。这时听到后面有声音，不安的我猛然回头，当看到是一个青年牵着一头小毛驴走过来时才放下了心。这时的我喜出望外，那个青年非常热情地把我的行李放到驴背上，这让我感到轻松多了。他打听到我是来教书的，非常高兴，告诉我到县城还要走十几里路，天黑路滑，前面就是他们村。他的意思是让我先在他家住下，明天再去县城。听到这一席话，一股暖流涌上我的心头，我从内心深处被老区人民的纯朴、善良感动了。

陶继新　此前，对于沂蒙山区的落后与偏僻，你也许有所耳闻，但事实比你听到和想到的不知要严峻多少倍。你第一次遭遇如此的挑战，尤其是父母不在身边，心中之苦可想而知。

在你叫天天不应、叫地地不灵的时候，那个突然出现的牵着毛驴行走的青年却主动与你交谈，又将你的行李放到毛驴背上，并邀请你去他家过夜。那一刻，你的心里涌起一股暖流，第一次真切地感受到沂蒙山区人民的真诚与善良，原来的艰难与痛苦也在瞬间化作感激乃至幸福。

017

李振华　到了青年的家以后，他主动热情地接待了我。他的母亲听说我是从外地来教书的，很是高兴，急忙翻箱倒柜地弄出一小捧有点儿黑的面粉，给我做了一碗疙瘩汤。当时我注意到，那个青年一直看着我喝完，眼睛都没眨一下。后来我才知道，那是他们家仅有的一点儿面粉。老人家还给我烧了一碗驱寒的老姜汤。喝完以后她看到我一瘸一拐的，又给我弄来一盆温水泡脚。老人家看到我脚上全是血泡，毫不犹豫地把我的脚抱起来，放到她的大腿上，用针小心翼翼地把血泡挑破挤出血水。当时我感动得眼泪一直在眼眶里打转，老人家就像母亲一样疼爱着我。她为我整理好床铺安排我休息，第二天早上早早地为我准备了饭，又让儿子把我送到了县城。这份情，我今生今世都不会忘记。

陶继新　如果说之前沂蒙山区老百姓的纯朴善良只是一个传说的话，那么，此时此地，你真实地感受到了沂蒙山区老百姓的真诚与善良。其实，当时老百姓生活极其艰苦，对你这个远道而来又素不相识的青年，却能够取出或许是家里仅有的面粉为你做饭，真的让人感动。这个不是亲娘又胜似亲娘的老大娘是何等崇高与伟大。当她抱着你的脚为你挑脚上血泡的时候，行程中所受的千辛万苦，在那一刻，已经被一种天下最美好的情感化解了。有人说沂蒙山区的山好水好，其实沂蒙山区的人更好。

李振华　我到县城一看，惊呆了。这是什么地方？这是一个县城吗？是不是走错了？还不如南方的小农村，全城找不到一间红瓦房，一条一米多宽的土路老街，房子是用大石头垒的，墙有七八十厘米厚，房顶铺的是麦秆，有的人家只用薄石板盖着。我好不容易找到了在一间民房中办公的沂源县文教科，接待我的是一位叫黄海的科长。他知道我是一个大学生，非常高兴地说："把你留在县城南麻完小，这里条件好一些，有6个班、7名教师，还有一个做饭的工人。"当时我急忙说："我既然来了，就要到一个山最多、条件最艰苦的地方去。"他听后直摇头："你就留在这里吧！"后来他跟我说："当时听你说到山最多的地方去，吓了我一跳，好不容易盼来一个大学生，要是经受不住这么艰苦的条件，留不住，回去了怎么办？"

陶继新　那时候一个县城里的大学生少之又少，而农村突然"空降"来一个来自南京的大学生，这简直是一件不可思议的事情。当时，农村太难太苦。当地人认为，来自大城市的你根本承受不了这种苦难，不消几天，你就会在苦不堪言的时候悄然走人。况且，此前已经"跑"了一个大学生呢。他们有如此想法，当是情有可原。其实，你扎根乡村教育事业的志向是坚定不移的。

李振华　我再三地要求，黄科长也没办法了，就拿出一张发黄的沂源县地图说："你自己选个地方吧。"我一看，就指着韩旺这个地方说："去这个地方。"因为韩旺在沂源的最东南，离县城有110里路，那里山最多，条件非常艰苦。对此，黄科长起初坚决不同意，但后来看我态度坚决，实在没办法，就同意了。

陶继新　黄海科长拿来沂源地图让你选择的时候，他绝对没有想到你会选择韩旺这个最偏僻、办学条件最差的地方。他大吃一惊，认为你到那里会极不适应，甚至有可能在承受不了苦难的时候一走了之，可你内心坚如磐石，他也只好同意。我在想，无奈同意之后，他一定很不安心，因为对你能否长久扎根乡村教育，他并没有绝对的把握。

三、初到山村，感受老区温情

李振华　第二天我就背着行李出发了。在崎岖的山路上整整走了一天半的时间才赶到韩旺村。到韩旺村的时候，村西头一大群人在敲锣打鼓。走近才知道，乡亲们是欢迎我来了。后来才知道，因为村学校没老师，已经停办半年了。当时看到那个场面，老区人民这么热情，我特别激动，很受振奋。乡亲们围着我，有的帮我拿行李，还有的搀扶着我，我感到非常亲切。

陶继新　你的到来，对于乡村老百姓来说，简直是喜从天降，所以，敲锣打鼓，夹道欢迎，也就成了自然而然的事。当时，你非常激动，受到振奋，因为你从老百姓的欢迎中感受到了他们的真诚，也感受到了这里确确实实需要你。我想，彼时彼地，你一定庆幸自己的选择，也为能在这样一个民风淳朴而又真诚待人的地方工作感到欣慰。

李振华　因为南方气温比较高，我穿的棉袄很薄。在南方，棉袄是不单独穿的，我母亲专门给我做了一身蓝卡其面料的中山服。乡亲们穿的都是自己织的老粗布，从来没见过机器织的布，我当时还戴了一个帽子，他们就觉得很奇怪。有的乡亲在议论：是不是来了一个洋人？

陶继新　当时城乡有天壤之别，你的装束与当地人有些"格格不入"，所以他们会感到新奇。你从南京来的时候，母亲为你准备如此的装束，一是希望你穿得体面，二是没想到这样的衣服在沂蒙山区难以抵御寒冷的侵袭。它虽难以御寒，但却有母亲的心意，再加上当地百姓的热情，你心里便有了一种特殊的温暖，寒意也许会稍微淡去一些。

李振华　在欢迎的人群里有一位大娘，看到我很冷的样子，摸了摸我的衣服，很亲切地问我："先生，你冷吧？"我说不冷。其实那个时候的山区真的很冷。

陶继新　那个大娘心很细，想来她早有了孩子，知道在那个时节穿那么单薄的衣服是无法御寒的，所以才问你冷不冷。你虽然感觉很冷，可在那个特殊环境里，一个热血青年是不能说冷的，因此你说了个美丽的"谎言"。这个"谎言"非但不会引起那个大娘的反感，反而会让她对你心生一份爱怜与敬意。

四、绝地逢生，坚定理想信念

1. 饭难下咽，食难饱腹

李振华 那时候的老师怎么吃饭呢？是跟着学生吃，一个学生家吃一天，那时叫"吃轮饭"。村里的耿学义书记为了照顾我，就对我说："你刚刚从大城市来，有的学生家离学校七八里路，要翻好几座山，山路很难走，就让家长把饭给你送过来。"

早上下了第一节课，一位中年妇女挎着一个篮子来送饭了。当时我的第一堂课因为语言上的障碍而失败了，我心里很乱，心情十分低落，哪有心思吃饭呢？

乡亲把篮子放下，拿出一沓像牛皮纸的煎饼和一碗黑乎乎的地瓜秧菜。

我心想：这是什么东西？但也不好意思问。我拿出一个放到桌子上，心想：这里的乡亲还挺讲究，饭还要用"牛皮纸"包裹着。于是，我把煎饼慢慢地展开去找里面的饭，等全部展开却什么也没找到，又用手摸一摸，热乎乎的。当时心里一阵慌乱，完了！这本身就是饭，让乡亲看笑话了。当时一些上课的学生和围观的乡亲还没走，趴在窗户那里看。心里虽然慌乱，但我还是佯装镇定地把煎饼重新恢复原样。可我还是不知道怎样把这个饭给吃下去，又不能询问乡亲，这要是问了，有人传

李振华（右一）跟乡亲们学着吃地瓜秧、谷糠煎饼

出去说来了个老师不会吃饭，那就更丢人了。于是，我撕下一小块煎饼，放到碗里的菜汤中蘸蘸再放到嘴里，还是嚼不动，等一会儿软化了，却粘在喉咙里咽也咽不下，吃一口喝一口清水，好不容易把一个煎饼给吃下去。我对乡亲说："我吃饱了。"

乡亲又热情地让我吃菜。看到碗里的菜就像膏药一样，透着一股难闻的浓浓的中药味，我是真的不想吃，可看到那么热情的乡亲，我用筷子挑起一点儿放到嘴里强忍着咽了下去。当时，我真的是想吐出来，可又不能。我很客气地对乡亲说："我吃饱了。"

乡亲收拾好后，临走时说了一句让我哭笑不得的话："你们城里人的肚子就是小，我们要吃五六个才饱呢。"

因为当时失落的心情，吃饱没吃饱，我一点儿感觉都没有。

后来才知道，乡亲送来的煎饼是当时他们最好的饭食，是放了很多地瓜面的，是乡亲特意为我做的，他们平时吃的都是用玉米芯、谷糠、地瓜秧和一点点的地瓜面做的窝窝头。

陶继新　因为你从出生到上大学一直是在南京生活的，无法想象当时乡村老百姓生活之苦。在你看来难以下咽的粗粝之饭，其实还是他们专门为你准备的最好的饭食。

在这方面，我是深有感触的。1953 年你到沂源的时候，我才 5 岁。从小生活在农村的我，休说吃到煎饼，就是地瓜叶、地瓜梗，也是难以吃到的。那时候我不仅长年累月地吃糠咽菜，而且天天处在饥饿之中，甚至棉花壳子磨成面做成的"馒头"都吃过。那种食物比一般中药还难下咽，可是不吃又有什么办法呢？有相当一段时间，我浑身浮肿，周身无力，数度在死亡的边缘上挣扎。

所以，在那个年代，老百姓给你送的饭，其实是他们认为最好的饭，是他们舍不得吃的饭。可对于一个长期生活在大城市而且生活相对优渥的你来说，当然就是难以下咽了。

事实上，在以后的岁月里，你慢慢习惯了这种无法下咽的粗饭和野菜，更感受到了那些饭菜之中老百姓对你的关爱之情。

2. 惊闻狼叫，夜不能寐

李振华　在教室黑板的一头安了一张床，床上铺一领破席，黑板的另一头放着一个泥炉子和提水用的灰陶罐。当时我意识到，可能我吃住、办公、上课都要在这间山神庙里。

陶继新　也就是说，这一间极其简陋的教室，白天要上课教学，晚上还是一个安睡的宿舍。这对于在大都市楼房里舒适的床上睡惯了的你来说，无疑是一个挑战，但既来之，则安之，为了教育，只好如此。

李振华　耿书记对我说："老师，学生情况都给你介绍完了，你看看还有什么困难吗？"还有什么困难吗？这对我来说，全是困难，没有一个不是的。

陶继新　困难如此之多之大是你此前绝对想不到的，可是，面对困难的时候，我相信你并没有沮丧，也没有打退堂鼓，而是坦然接受。其实，一个人往往是在面对困难与解决困难的过程中成长起来的，没有当时的磨难，就很难锻造出你如此坚定不移的性格来。

025

住宿、办公、教学为一体的教室

教室一角为李振华准备的炊具

李振华刚来沂源时自制的办公和辅导学生用
的煤油灯

李振华刚到沂源时用的土陶罐和烧水壶

李振华　我对书记说什么困难都没有，就是晚上我不敢在这里睡觉，我害怕狼。当时这里狼很多。

书记嗯了一声："你年轻害怕狼，这个好办，晚上民兵巡逻的时候，让他们过来看看你。"

我说："那不行，你让民兵就在屋里看着我。"

"那可不行，外边阶级敌人搞破坏，谁来管？民兵是要维持治安的。"

我听后，觉得也是，维持治安很重要。

想了想后，我问书记巡逻民兵几个人，知道有三个人后，我提议两个民兵去巡逻，一个在我这里。最后书记也认同了我的办法。

尽管有民兵在，我还是很害怕，不敢睡下。我蜷缩在床角，外面漆黑一片，不时传来嗷嗷的狼叫声，有时候能看见狼趴在窗户上向屋里看，那眼睛碧绿碧绿的，吓得我不敢大口喘气。

陶继新　生活极其简陋是可以克服的，而夜间狼的袭扰对你的生命构成了威胁。任何人都不可能置生命于不顾，况且生命不在了，教育的使命也便终结了。你想到了这样一个两全其美的办法，安全有了保障，同时教育工作也可以进行下去了。

3. 排除万难，坚定信念

李振华　前几天晚上基本上都睡不着觉，又害怕，又孤独，还很想家。有时候偶然打个盹做个梦，梦到自己的母亲来了，很温暖，心里一阵高兴，睁开眼睛，外面还是漆黑一片，只有无尽的思念和泪水。那思念如潮水般汹涌，将我淹没。早上起床，枕头两边还湿漉漉的。回忆起来，那个时候是怎么熬过来的呢？

陶继新　人们常说"每逢佳节倍思亲"，其实人遭遇苦难的时候更会想起深爱着自己的父母。其实，你的母亲在南京更是挂念着你。在你一次又一次彻夜未眠的时候，母亲何尝不是一夜又一夜地遥望北方，想念着你这个儿子？可为了山村教育，在与亲人团聚和投身沂蒙教育二者不可兼得的时候，你选择了后者。

李振华　这里与南京实在是存在天壤之别，此前我根本不会想到这个世界上还会有这样落后的地方，加上语言不通、饮食不习惯，我思想上产生了动摇，感觉自己在这里一天都待不下去了。我又想到，在报名的时候有的同学就劝过我："你不要报名山东，那个地方很苦，从《南征北战》中看到那里的老百姓推着大碾盘，推着木轮小车，那么艰苦你受不了。"然而自己还是怀着满腔的热情来了，如果现在就跑回去的话，会让他们看笑话的。

后来我产生了一个折中的想法：能在这里待 5 天就不待 3 天，多待一天，被笑话的程度就会轻一点儿，在这里至少要多待一段时间再回去。

陶继新 当时有如此想法，是非常正常的事。将这种真实的想法吐露出来，非但不会折损你的形象，反而让你更真实。任何人，都很难心安理得地接受所有的磨难。可贵的是，这种心理波动并没有持续下去，后来的心理变化让你走向了一个更高的境界。

李振华 那时候，这里的经济、文化教育落后，人们的文化程度普遍很低，文盲、半文盲占到百分之八九十。记得那时候这里农村搞互助组，村里找个记工分的都找不出来，只能在墙上画杠杠计数，一条长杠代表一天，半条代表半天；老百姓不懂得科学种田，总是靠天吃饭；还有那些孩子渴望知识的眼神……我还了解到，韩旺这个村在孟良崮战役时，最多的时候出了 36 副担架、72 个青壮年，在家里的妇女做布鞋往前线送，有 8 个人牺牲在战场上，成了烈士。

当时我受到很大的触动，我的思想觉悟与他们存在很大的差距。老区人民为了革命，生命都不顾了，我还怕什么困难，还有什么样的困难克服不了啊？想到这些，思想中一切的矛盾和动摇，一切的怯懦和不适，都烟消云散了。坚定明确的目标和使命感在我心中油然而生：把自己融入老区，宁可一辈子留在这里，也要让他们能够走出大山，用知识改变贫穷落后的命运！这也成了我的承诺，这个承诺已让我在这里坚守了 71 年。

陶继新 改变乡村孩子的命运之难，是一般人难以想象的，可

20 世纪 50 年代韩旺村的落后面貌

正是因为难，才需要你去破解它。当你克服困难、坚持下去，并引导孩子们看到未来希望的时候，你心里自然会荡漾出一种特殊的幸福感。因为磨难越多，对你的精神锤炼就越有意义。孟子说得好："故天将降大任于是人也，必先苦其心志，劳其筋骨，饿其体肤，空乏其身，行拂乱其所为，所以动心忍性，曾益其所不能。"你到沂蒙山区来，就是"降大任"于你啊！因此，就要让你遭遇一个又一个的磨难。你没有在磨难中倒下，反而愈挫愈勇、越来越坚强，才有了今天的辉煌成就。

其实，我也经受过很多常人难以想象的磨难，可我没有屈服，而是愈挫愈勇、越发坚强，甚至享受这种磨难乃至致命打击的"侵袭"。因为我发现，不管多么大的磨难降临，你一定要有一个这样的信念：这是上天对我的最大恩赐，是上天将要"降大任"于我。所以，我们不仅要坦然地面对磨难，而且要抓住磨难所带来的机遇。这样，到了一定的生命节点上，我们就一定能够绝处逢生，发生凤凰涅槃式的生命裂变，成就一番令人欣喜的事业。

你之所以能够经受住磨难并在磨难中实现精神的升华，还有一个重要的因素，那就是你有一个极其坚强的后盾，即沂源的孩子及其家长乃至更多的老百姓。他们对你的深深的爱，已经汇聚成一股巨大的生命能量。从这个意义上说，你既是苦难中的坚强奋进者，也是在苦难中"好事多磨"的成长者，还是在苦难中受到众人帮助的幸运者。

李振华　大娘大婶们亲手纺线织布，在昏暗的煤油灯下为我缝制了御寒的棉袄、棉裤、布袜子和走山路穿的钩子鞋；乡亲们把老人、小孩都舍不得吃，用来换煤油、火柴的鸡蛋送给我吃。我一次次被感动得热泪盈眶。乡亲们像当年支前那样无微不至地关爱着我，当年的沂蒙"红嫂""六姐妹"就像在我的眼前，因此我下定决心留下来。

陶继新　老百姓从物质上给予你的帮助与关心，何尝不是爱心的"流淌"？因为他们知道，要想改变孩子的命运，只有靠知识，而让孩子拥有知识，他们无能为力，你却可以担负起这个历史使命。你又是一个责任心、事业心与教学水平极高的人，他们因为你的"光临"，才看到了孩子未来的希望。你的到来，不只改变了孩子们的命运，还改变了其整个家庭的命运：孩子们拥有了知识，有的考上了学，有的可以科学种田，这给予家长的不只是经济上的富足，还有精神上的丰盈。

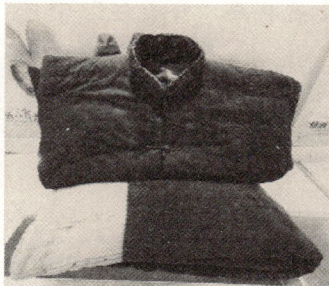

乡亲们亲手织布为李振华做的棉袄棉裤

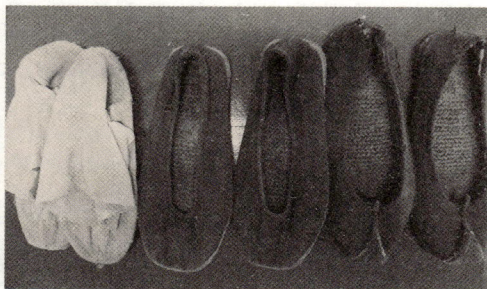

乡亲们为李振华做的棉袜子、布鞋、登山的钩子鞋

第叁章

教育教学，逆境突围

1. 因陋就简，迎接挑战

李振华　初来时，耿书记很温和地对我说："老师，咱先到学校去看看。"我就跟着他一直往北面的山上走，而不是往村里走。我当时觉得很奇怪，去山上干什么？

陶继新　任何人都会感到奇怪。按常理来说，学校不可能不在村里而在野外，但你没有问，只是跟在书记身后，相信这个谜不久就会揭开。

李振华　走了近半个小时，走到一个叫"光明山"的半山腰，耿书记说："学校马上就到了。"我顺着他指的方向看过去，那明明是一个破旧的山神庙，哪里是个学校？当时我神情一愣，书记看到我吃惊的样子便安慰我："老师，你别看现在这个学校不好，等几年后，咱盖一个新学校。"县城里都没有新学校，只能在地主的房子里上课，你一个村能建得起新学校吗？这只是安慰吧？当时我只是一笑，也没说什么。

累得我背上热乎乎的，终于走到了校门口。书记慢慢地把仅剩的半扇破败的门推开，我看到的是满地的大石头小石头，地面坑坑洼洼，正面墙上只有半块漆黑的

半山腰，由破败的山神庙改成的韩旺小学

黑板，上面画得乱七八糟。他向我介绍学校的情况："这大石头是课桌，小石头是凳子。五个年级全在这里面，就是一个五级复式教学班。"他给了我 10 本书，5 本语文、5 本数学，还给我一个哨子。接着他对我说："上课了，你就吹吹哨子。"

陶继新　学校条件差到如此程度，是你闻所未闻、见所未见和想所未想的，与南京窗明几净的教室相比，简直是天壤之别。但现实就是如此严酷，而且没有任何退路。况且，即使有退路，你也未必想退，因为你内心深处还会产生另外一种力量、一种想法——我不是到最艰苦的地方去吗？不是要为沂蒙山区的教育做贡献吗？条件虽差，生活虽苦，但正是这种艰难困苦，才能让自己的宏愿得以更好地实现。

李振华 因为我是在城市长大的，那里的学校都很规范，所以一开始心理落差很大。我看到教室里也没有钟表，就问："我什么时候吹哨子上课？""你看着日头（太阳）上课。"书记又指着朝阳的窗口说，"早上起来，日头晒到这个地方就吹哨上课，晒到那个地方就吹哨下课。"我点点头说："好。"那时早晨是要上一节课的。

阴天下雨没有太阳怎样看时间呢？我又问老书记。他不好意思地说："老师啊，你这么板正（规范）干什么？这里就你一个老师，你想什么时候吹，就什么时候吹。"

"这不行，一定要按时上下课。"

老书记考虑一会儿说："过天，我给你抱一捆麻秆子来，要是下雨阴天，就点一根麻秆，烧完一段就是一节课。"我不知道什么是麻秆子，等给我拿来以后才知道它就是作物秸秆扒掉皮以后的部分。

陶继新 当时南京学生要随着钟点上课，可韩旺小学没有钱买钟。对于如何吹哨子上课，你是没有任何经验的，所以就有了顺理成章的询问。第一次得到答案之后，一般来说就会中止提问，可细心的你又有了"阴天如何吹哨"之问。答案有了，疑惑没了，可在此后的现实教学中，也许并不会像书记说的那么简单。

2. 不通方言，首战失利

李振华 上课时间到了，38 个学生全来了，有的孩子七八岁，大的十几岁，还有七八个带着自己的孩子来的中年妇女，就坐在大石头上纳鞋底。当时我一看太阳晒到要上课的地方了，就跟她们说："我们要上课了，你们出去吧！"她们听不懂我的南京话，我就指了指门外。她们明白了我的意思，然后说："老师，俺们也是学生。"当时我吓了一跳，她们年

学生听不懂李振华的南京话，第一堂课失败了

龄这么大了，怎么可能也是学生？这是我第一次上课，本来心里就打鼓，看到这么大年龄的学生更不知道要怎么讲了。后来我才知道，那时候有识字班，农忙的时候下地去干活，农闲了就上识字班认字。其中有一个叫耿玉莲的，已经38岁，有3个小孩了。

陶继新　复式班对于今天的小学生来说，绝对是一个陌生新奇的事物，可是在20世纪50—60年代，在乡村小学却是一个常见的教学模式。不过，30多岁的妇女也来与孩子同堂上课的情况，比一般的复式班又有过之而无不及。村里人缺少知识，不仅小孩子，大人也想有点儿文化。对于这样一个群体，教学之难简直是"难于上青天"了。

李振华　但是不管怎么说，我还是鼓了鼓勇气，走上讲台上课了。我刚开始讲课时，下面一点儿声音没有，大约3分钟之后，学生们就乱起来了，在那里交头接耳，他们的声音把我讲课的声音都

掩盖住了，甚至有年龄小的孩子在教室里追逐打闹起来。那几个中年妇女帮我维持纪律，把他们拖回到座位上，可这样一来教室里反而更乱了，这真让我措手不及。慌乱中，我吹响了哨子：下课了！

就这样，我来到沂蒙山区的第一堂课以失败结束。

后来有学生告诉我："老师，你第一次给我们上课的时候，我们一句话都听不懂。"村里人还议论：这是不是请来了一个"洋老师"？

陶继新　当时普通话没有普及，只会说沂蒙方言的山村孩子听南京方言，犹如听天书和外语。对于这些有着天然本性的孩子来说，初听也许会感到新奇，不大一会儿就会因为根本听不懂而满屋跑、乱作一团，这是必然之事。可对你来说，这无异于当头一棒。况且，整个学校，教师只有你一个人，对于如何维持好教学秩序，让这些孩子好好听课，你无能为力而又没有其他教师相助，所以出现如此的乱象也就不足为奇了。不过，世上无难事，只怕有心人。只要找到原因，采取有效措施，就能够解决问题。

3. 改进教学，转败为胜

李振华　对，为了能讲好普通话，我让父亲给我寄来一台半导体收音机，边听边学普通话。可惜普通话也没学好，我就干脆学说沂源话。这沂源方言也不是那么好学的，为了学好沂源话，我就与乡亲们、学生们打成一片，利用休息时间去帮乡亲们干一些农活，和孩子们一起劳动……

现在，我讲的话百分之八九十都是沂源话。

李振华父亲从南京寄来的半导体收音机

陶继新 让当时的孩子学习普通话虽然很好，可几无可能。既然改变不了孩子，就只能改变自己，不说南京话，而讲沂源话。这对你来说，是唯一的选择，也是一个艰难的选择，而且要为此付出巨大的努力。尽管你没有多谈学习沂源方言的情况，但可以想象，你是多么迫切，又是多么认真，既要学得像，又要学得快。排除了语言的障碍，上课时孩子们的学习才能进入正常轨道，学习效率与质量方能得到保证。

李振华 为了改善办学条件，我就自己制作一些教具。那时候整个沂源县几乎没有任何教具，我在南京上学时用过、看到过很多，知道使用教具的好处。

在讲地理课的时候，孩子们听不明白，我就制作了地球仪。怎样制作的呢？我把破旧的篮球内胆取出来打满气，然后把旧纸割成小方块糊上去，一天糊七八层，放到通风的地方阴干——不能放到太阳晒到的地方，不然纸会翘起来的。连续几天，糊的层数多了，整个外壳就坚挺了，然后再糊上白纸条，等全干透了再画上经线、纬线、赤道、南极、北极、大西洋、太平洋、亚洲、欧洲……画好后把气放掉抽出内胆，用一个细木棍伸进去，再插到一个用黄泥做的底座上就做成了。有了这个地球仪，再讲地理课的时候就非常直

037

李振华自制的部分教具——三球仪、地球仪、算术器

观，孩子们就更容易听懂了。

日食、月食的形成，他们更是难以听懂，我就利用纺纱车的原理，用大皮球、小皮球、乒乓球制作了三球仪。

来到学校后，我共制作了28种教具。这样一来，下课后，孩子们就可以边操作边学习了。

陶继新　你之所以因陋就简、因地制宜地制作地球仪、三球仪等教具，是因为学校没有购买教具的钱，可直观的教具教学可以起到事半功倍的效果。如果只是一味地进行抽象教学，学生往往会如堕五里雾中，教学效率也必然低下。于是，你急中生智，自造教具并产生了良好的教学效果。你如果不是心系学生，希望尽快在教学上突围，也不一定会有如此创意。这也给我们一个启示：教学道路上会遇到困难，但只要时时想着让学生更好地成长，就会千方百计，努力而为，克服重重困难，在突围中取得成功。

李振华　在教学方面，我力求根据学生的特点进行直观教学，引导学生做生活的有心人。比如让他们写一篇关于大山的作文，在几天前我就布置下去，允许他们到山上走一走，看一看这山上种的什么树，结的什么果，道路是什么样的，走在路上有什么样的感受，想一想自己应该怎样做。通过细致观察与切身感受，他们写作文就很容易言之有物了。

陶继新　目前一些学生不愿意甚至害怕写作文，其中一个重要的原因，就是教师没有引领他们走进生活。由于没有生活实践，写作的时候只好胡编乱造，当然写不好作文了。

1998年，高考命题作文的题目之一是《坚韧——我追求的品格》。那一年孩子们写作文闹了很多笑话。其中一个男性老教师去改高考作文卷子，改着改着一看笔迹是他儿子的。儿子的作文一开头竟然是这样的："我的父亲死了六年，我和我的母亲相依为命。"当时这个有心脏病的老教师气得晕倒了。还有一个学生写道："我从小失去了双臂，学着用脚写字。"然后，就写他如何如何向张海迪学习等。可后来跟踪调查一看，他完全是一个四肢健全的小伙。

没有生活，瞎编一些"故事"，只会露马脚，让人啼笑皆非。

你教的学生则不然，他们从生活中撷取了丰富的素材，写出来的作文不但真实，而且言之有物。

李振华　在教语文课的时候，讲到高兴的地方，我就哈哈地笑出声来，讲到悲伤的地方就掉眼泪，带着浓厚的情感讲课。这样一来，学生们的情绪、兴趣、积极性等就调动起来了，也就更容易理解与接受了。

我记得，讲《小猫钓鱼》这篇课文时，我画了一个猫脸面具戴上，再戴上一副老花镜，手里拿着一根长杆，做出钓鱼的姿态。这样一来，讲课过程生动、形象，学生很感兴趣，也容易理解与记忆。

陶继新　文学评论家刘勰认为，"情动而辞发"，所以我们阅读作品就要"披文以入情"。而你或笑或哭地带着情感走进作品中，

韩旺小学第一届学生全部升入初中

这自然就感染了学生，让他们也或笑或哭地带着情感走进课文中。文章不是无情物，学生进入文本之中，也就对作品有了更加深入的了解，自然也就可以学好课文了。所以，你的学生成绩优异也就水到渠成了。

1955 年，还没有实施九年义务教育，小学升初中要进行考试。沂源县其他学校的升学率为 10%，而你带的小学毕业生全部升入中学，轰动了整个沂源县。

4. 慧爱孩子，师生和谐

李振华　尽管当时这里教学条件比较简陋，但我要对每一个孩子负责。我积极钻研教材，备好每节课，认真批改每一项作业，晚上教好识字班。我从刚工作时起，晚上在 10 点半前从来没有睡过觉，这也成了我的习惯，到现在依然还是这样。

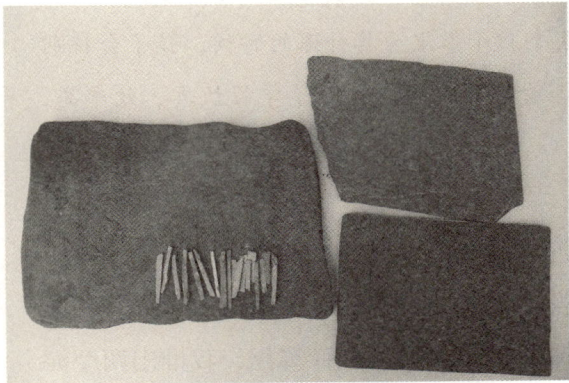

学生买不起练习本，李振华到山上起薄板磨成石板、石笔给学生用

李振华晚上辅导学生时提的马灯

陶继新　你晚上睡得晚，是因为备课非常认真，耗时较多。你的备课，比现在老师面对同一年级、水平相当学生的备课要难很多，一是不同年级，二是学生基础太差。因此，既要备教材，又要备学生，方能真正抵达因材施教的高层次教学境界。

李振华　有的学生成绩很不理想，就要给他们补课。那时候是在晚上到学生家里去补课，有的学生家离学校七八里路，我提着马灯和用石板做的小黑板，走在崎岖的山路上，有时听到狼叫声，心里直打战。

陶继新　复式班的学生年级各异，学习成绩优劣不等，加之学生的家长没有文化，所以要想让他们学有所得、学有所成，不仅需要教师在课堂上认真教学，还要在课下为学困生补课。这在无形中大大地增加了你的工作量，早出晚归当是平常之事。虽然没有人叫你这样做，但是你自己愿意这样去做。如果不是心系孩子，绝对不会如此操劳。当你来到某个孩子家里为其补课的时候，孩子会特别认真地听讲，家长也会深受感动。这样，孩子学习认真、效率高，也就成为一种必然。

李振华　那个时候没有幼儿园，孩子比较小就直接上了一年级。我想尽一切办法教学，让他们更快地接受知识，比如我用黄泥做成圆珠，用铁丝串起来放到木架上制成计算器。我推出两个泥珠，问他们这是几个，他们回答正确了，我就夸他们聪明，再推出三个，回答正确了就再表扬他们，最后把泥珠合起来让他们数是几个，然后告诉他们"2+3=5"的算式。孩子们受到表扬后非常高兴，学习的积极性更高了。

陶继新 《学记》中说老师教学的时候要"强而弗抑"，即鼓励学生而不是压制他们。你对孩子的表扬鼓励，不仅让他们感到高兴，而且还会在无形中给予他们一种积极的心理暗示："老师信任我，我能行！"有了这种心理状态，在学习的时候就会非常高兴，高效也会不求自得，成绩自然也就提升了。

李振华 刚到沂源时，很多学生家里面没有被子，甚至有的人家只有一条棉裤，谁出门谁穿。一是为了学说沂源话，二是为了解决学生的取暖问题，我就把几个男孩带到我那里与我住在一起。

与我住在一起有什么好处呢？那就是我们互相交流，让他们听懂我的话，同时便于我学他们的方言。最多的时候有3个男孩与我同住，加上我4个人。我从南京带来一床被子，那时候没有取暖的炉子，屋里非常冷，结果你拽过来我拽过去，几天就把被子拽出一个个窟窿，棉花都露了出来。

更难受的是，因为这里卫生条件很差，他们身上都有虱子，我的身上也被他们带来的虱子爬满了，痒得很，但我不会嫌弃他们。当时我在想，他们生在沂源这样艰苦的地方不是他们自己选择的，我出生在南京也不是我自己选择的，人都是平等的。我千方百计地关爱这里的每一个学生。放学以后，孩子们要回家薅猪草、拾柴火，我就与他们在一起，一面教他们学知识，一面劳动。因此，韩旺的老百姓给我起了一个绰号，叫什么呢？叫老母鸡。当时我听到以后想："我在这里努力教孩子们学习知识，你们怎么还给我起这

李振华在与孩子们交谈

么一个难听的绰号？"后来乡亲们告诉我："老师，我们在山上只要看到一大群孩子，就知道这里面准有你，就像一个老母鸡带着小鸡一样。"这个事情证实了老师和学生的感情很深很融洽，所以，我就很自然地接受了乡亲们对我的这个称呼。

对老师来说，上好每节课是我的责任。我掌握住重要的一点，学习上指导他们，做人上引导他们，生活上帮助他们，经济上支援他们，就是想学生之所想，急学生之所急，帮学生之所需，一切的事情都是为了学生，所以，学生与我感情特别深。我在沂源教过将近一万名孩子，但从未体罚过一个孩子。教育方法方面，我采用"以情动人，以理服人""一把钥匙开一把锁"的方法，以自己的爱心温暖每个孩子的心，以自己的灵魂唤醒另一个灵魂，关爱每个孩子的健康成长。这样一来，学生们学习更有劲头，觉得不好好学习对不起老师，好像是在为我学习。

陶继新　你不仅仅是全心全意地爱学生，还爱得很有智慧，让学生真切地感受到了你的爱，且因为爱你而主动努力学习。

几乎每一个家长和老师都爱孩子，但由于不会爱，结果适得其反者屡见不鲜。

前段时间，一个企业老总说儿子已经三个月没去学校了，请我与他的孩子谈谈心，看看究竟是何原因，能不能让他重返校园。

我与这个老总的儿子进行了一次长谈。开始的时候，我问他问题，孩子几乎不作回答，好在我有耐心，也用了一点儿技巧，终于让他说出了心里话。原来，他的爸爸从早到晚忙于事务，极少与儿子谈心。可他很爱儿子，给他不少钱，让他吃好的穿好的，同时，还在去年暑假忙里偷闲地陪儿子到法国和德国旅游了一次。可是，儿子对我说，爸爸对他总是一副高高在上的姿态，而且从来不知道他在想什么。其实，即使到法国和德国旅游，他心里也不高兴，因为与一个心灵不相通的人在一起，是非常难受的。

谈得多了，便逐渐进入了状态，我就叫来了孩子的爸爸，让他听听儿子的心声。他不听不知道，一听大吃一惊。怎么也没想到，自己如此爱儿子，儿子却说一点儿也不爱他。

后续之事我不再多说，此后父子间的"交锋"依然不少，我也做了很多工作，也有了明显的好转。

何止家长，有的老师认为自己很爱学生，可是学生非但感受不到爱，反而认为老师不信任自己，甚至认为老师是有意打击自己。师生关系不好，学生学习效率必然很低，成绩自然也好不到哪里去。

你则不然，你爱学生，尊重并平等地对待他们，让他们感受到你是他们的心理依靠。于是，他们也特别爱你。爱的传递，让师生关系变得融洽。学生相信你爱戴你，学习自然刻苦努力，成绩也就水涨船高了。

二、张家坡高中成绩突出

1. 改教高中政治，变革传统课堂

李振华 1965 年，我被调到张家坡沂源县第十二中学改教高中政治课。我从头学起，现学现卖。在认真钻研教材的基础上学习他人的教学经验，利用节假日或晚上时间，骑自行车到十几里外的沂源一中向任教政治课的杨德珍老师学习，积累教学经验。

陶继新 你在韩旺小学教学 12 年，从小学跨越到高中，难度实在太大了。对于一般人来说，休说教出好成绩，就是适应都极其困难。可你没有叫一声苦，而是随即开始向有经验的老师学习。这要比一般教师投入更多时间，也会吃更多的苦，你却因为每天学有所得而乐在其中。这种精神，让人敬佩不已。

李振华 我经验不足，只好向有经验的政治教师学习，同时，精心、认真备好每一节课，找准每一节课的教学目标、重点难点，注重精讲精练，力争讲得生动形象，练得科学有效。我还特别尊重学生，与他们建立了民主、平等的师生关系。

陶继新 那个时候的教师，教学几乎都是满堂灌，教学效率比较低下，可你采取了精讲精练的教学方法，用点石成金之语，让学生对重点难点了然于胸。况且，你语言幽默风趣，学生听起来如沐春风，当然也就有了比较高的学习效率。

李振华 我对教法进行改革，采用学导式，重视学生学习方法的改进，强调以自学为主体的"自学—解疑—精讲—演练"四个环节。学生能直接从教材中获得知识，掌握学法，变学为思，形成学力，技能、智力、能力和品行都随之得到开发。

陶继新 以学生为主体的四个教学环节，强调的是以学为中心。没有对学生自我学习能力的充分信任，你是绝对不可能如此放手的。正是教师主导下的大胆放手，大大激活了学生的学习兴趣，让他们逐渐地学会了自主探索，并在这个过程中激发了更大的学习动力。这恰恰是提高学生学习成绩的关键所在。

李振华 我还充分发挥小组学习、全班学习的群体作用，有时将活动课的形式引入政治课，不断更新教法，克服老一套陈旧的教学模式，充分激发学生的内在潜力，提升他们的学习兴趣。

陶继新 其实，那个时候你已经在有意识地进行课堂教学改革了。你没有任何可借鉴的经验，却独出心裁地进行创新探索，这太难能可贵了。

李振华 政治是一门极具综合性的学科，其内容覆盖多门学科，一定要看到这一课程的独特价值。教学时应与社会和时事紧密融合，多看多听每日新闻，了解国家大事。我在讲哲学、经济学时，把课本内容与当时国家正在推广的承包责任制有机联系起来，结果 1980 年高考政治试卷中的两道题——"生产力和生产关系的相互关系是怎样的？""我国人民 80 年代要做的三件大事是什么？"，我的学生全做对了。

陶继新　多听多看每日新闻，是学好政治课的有效途径。因为政治课与当代社会时政与发展有着必然的联系，新闻则及时地传播了社会时事和老百姓普遍关注的热点问题，这些理应进入高考试题之中；所以，你虽然没有猜题，两道高考试题却与你的平时所教高度一致，学生全部做对。其实，猜题是急功近利，与学习政治的目的背道而驰，学生不仅考不出高分，还会在无形中向他们传递一种投机取巧的心理暗示。

据说，1980 年夏天，你担任一个班的班主任，还教着 4 个班的政治课，所教学生高考平均成绩达到 83 分，名列全区第一名，真是令人赞叹不已！

049

李振华　当时学校让我改教政治课，而且每年都让我送高考，全临沂地区有近百所学校，我教的成绩从来没有下过前三名。政治课不能完全按照课本讲，一定要与社会各方面相结合，与现实生活中的事件相结合。

陶继新　要想学好政治课，不仅应对文本内容进行认真的学习与研究，还要进行社会实践，因为每一个政治问题都与现实生活有着内在的联系。你在教好政治教材的同时，又引导学生走进生活中，做到了理论与实践的有机结合，也便抓住了学习政治之本，考出高分也就在情理之中了。

学习政治，不是仅让学生学习理论知识，而应引导他们在现实生活中解决相应的问题。没有实践，所有的理论都只是飘在天空的云朵，来一阵风就可能被刮得了无踪影。从这个意义上说，教政治更多的是教做人，教做对社会生活有用之人。

如果说教学是先教做人的话，那么教政治更要把教做人放到第一位。人做好了，也能考出好的成绩，更能有一个好的前程。

2. 住进学生宿舍，提升睡眠质量

李振华 那时候我都住在男生宿舍里，与孩子们一起睡在地铺上。他们下晚自习要到十点多钟，没有时间洗脚，整个宿舍里臭气熏天。为什么我要睡在学生宿舍呢？他们的父母不在身边，我要好好地照顾他们，半夜起来给他们打打蚊子，扇扇扇子，冬天给他们盖盖被子。有时候，有的学生醒来看见我为他们忙来忙去，就说："老师，您白天这么劳累，晚上还要为我们做事。"说着说着就流下了眼泪。

夏天，他们带饭一次带一个星期的，拿的都是地瓜、窝头，很容易变质，吃了就会闹肚子。为了不让他们吃变质的饭，我就利用午休的时间骑自行车去给他们拿饭。我把地点分成东西两路，一、三、五去东面，二、四、六去西面，与家长商议好什么时间放到哪个地方。

陶继新 当时，你的教学工作与班主任工作任务很重，对于一般人来说，已经到了不堪重负的程度，可你又主动住进学生宿舍，悉心照顾学生，体力消耗及精神负荷之大，是常人很难承受的。所有这些，你不仅承受住了，而且以苦为乐。

之所以如此，原因之一是，你知道充足与高质量的睡眠能够调节学生的生理机能，维持神经系统的平衡，能使人精力充沛，保持健康，提高学习效率与考试成绩。我采访衡水中学学生的时候，他们说一年四季都有午休，每天睡眠7个半小时，看起来比一般高中的学生少了一些学习的时间，可是因为有了足够的休息时间，他们保持了充沛的学习精力。我所采访的学习成绩优异的学生，几乎个个都既会学习又会休息。相反，那些靠加班加点来增加学习时间者，往往学习成绩不佳。因为一个精神状态不好的学生，不管其学习时间多么长，都不可能取得良好的学习效果。关键是学习的效率，有了高效率，即使学习时间少了，照样可以获取优异的成绩。从这个意义上说，你教高中政治，学生高考成绩如此之好，显然与你住进学生宿舍、提升了他们的睡眠质量有着一定的关系。

原因之二是，你把这些孩子当成了自己的孩子，真正做到爱生如子了。由此，孩子们会为你的爱所感动，努力学习也就有了一种内生动力，这无疑是提升学生考试成绩的关键因素。

三、城关二中的绝地突围

1. 临危受命，就任校长

李振华 1982 年秋，沂源县成立了一所非常特殊的学校——城关第二中学。上级领导从其他学校抽调来 6 名教职工，让我担任这所学校的第一任校长。第一届 108 名学生都是其他学校的落榜生，学习成绩、纪律意识方面都比较差，平均入学成绩 28.5 分，26 人的数学考了 0 分，有 9 人是派出所的帮教对象。当时我一筹莫展，这个校长怎么当？

陶继新 调你到城关二中担任校长，是领导与群众对你的高度信任。他们坚信，你临危受命，一定能够把这所学校办好。如此信任与期待，对你来说也是一种巨大的压力，不是不想干好，而是担心干不好，生怕辜负了领导和群众的信任。

李振华 建立这所学校，是为了减轻社会治安的压力。当时分管教育的县委副书记张杰文交给我的任务就是：把这些孩子收拢起来，不要让他们扰乱社会，减轻治安压力，县里举行的各类考试你们都不要参加，不然就是自找难看。当时人民日报社《社教》栏目的一位主任采访后说："这不是一所学校，好像一个收容所。"

陶继新　县委副书记之所以说你们城关二中学生不要参加县里组织的各类考试，是因为他觉得这批生源太差，只要考试，必定是倒数第一，有失你这位校长的颜面。当然，这从另一个侧面说明，要让这所学校绝地逢生，难度何其大啊！

李振华　既然领导把学校交给了我，我就要担起责任，因为孩子是家庭的希望、国家的未来。家长们都盼望着孩子们能通过教育成人成才。我怎样干，才能不让人们再次失去希望呢？

经过认真考虑，我认为，当务之急是根据学校的现状与老师们反复讨论研究，统一思想，树立信心。我们先对 108 名学生进行了地毯式的家访与一对一的谈心，还向生源学校班主任了解了相关情况。在做了详细的记录后，大家一致认为要让这些孩子得到转

城关二中时期，李振华校长（右二）带领校领导班子探讨教育教学工作

变，必须以情化人。为此，我们提出：要动之以情，晓之以理，以"爱"为核心，激励、感化他们，发现他们的闪光点，为每个学生量身定做适当的教育方法。我深知，校长的责任更大，要想将这所学校办好，我必须以身作则。身教重于言传，事事处处做在前面，喊破嗓子不如做出样子，这是我的信条。

说干就干，雷厉风行——我吃住在办公室里；充分发扬民主，建立健全各项规章制度；加强校风、教风、学风"三风"建设，凡要求师生做到的，我首先做到；积极参加教研活动，带头听课、评课，成为淄博市听课最多的校长……

一次，我参加学校卫生大扫除时摔倒，导致两节腰椎粉碎性骨折，医院要求我必须住院治疗。当时正处于中考前夕，工作非常紧张，在住院的第二天，我偷偷地跑回了学校，医生和分管教育的周世莲县长多次到学校催我回医院继续治疗，我仍坚持着未回医院。为了减轻疼痛，我用电工使用的帆布腰带在腰背上捆上两根短钢筋固定着，忍着疼痛去听课，一节课下来，我疼得满头大汗。老师们看到我带病坚持工作都十分感动。由于没有及时治疗，我留下了后遗症，现在走路时腰总是向右倾斜。

我要求学生、老师不迟到，自己就每天提前半小时站在校门口把师生迎进学校，放学时再把师生送出校园。老师、学生对外界的人说，我们校长很关心我们，每天都会迎我们入校，放学后再目送我们回家。

陶继新 孔子说："君子之德风，小人之德草。草上之风，必偃。"意思是说：君子的德行好比是风，百姓的德行好比是草；风吹到草上，草必定跟着倒。你当校长的以身作则，教师也会群起跟

城关第二中学校门　　　　　李振华校长迎接师生入校

随；教师如此，学生也会不自觉地努力学习。这样，迟到早退现象就会少之又少甚至绝迹。不仅如此，这还会给师生一种感觉，校长是我们学习的表率，我们要好好向他学习。

李振华　当校长特别重要的是坚持原则，做事公正公道，管理上充满人情味。除坚持一个标准外，校长更应该是师生们的服务员，心中装着全校师生，想他们之所想，急他们之所急，使老师们能够安心愉快地工作，让学生们能够积极快乐地学习。对学生，我提出"洒向学生的全是爱"；对教师，我更是特别关注、关心，思想上引导，工作上指导，生活上关心，从细微入手，经常与教职工谈心交流，走进他们的内心世界。逢年过节我会到每一个教师家里去走走，嘘寒问暖，看看有什么困难或需要帮助解决的事情。凡是教师家中有婚丧嫁娶或升学、参军的，我逢事必到，对他们的实际困难想方设法帮助解决。过去教师社会地位不是很高，对象不好找，我就当"红娘"牵线搭桥或是请县工会帮忙。教师结婚没有婚房，我就在学校腾出一间作为新房，并为他们做好婚前准备事宜。

20世纪80年代，教师住房十分困难，县里也没有钱建教师宿舍，我就到各单位"化缘"，建起多套平房做教职工宿舍。对两地分居的教师，就请求领导或有关单位帮助调动，使他们得以团聚，还帮助老师的孩子找工作。

陶继新　你对教师如此关爱，发之于心，见之于行，让人感动不已。其中不少事，多是教师急需解决又无法解决的问题，你来协调解决也一定是费尽周折的。为了让教师安居乐业，你不仅想方设法地解决了问题，而且做的时候并不感到劳苦，甚至乐此不疲。这需要一种境界，也需要一种良好的心态。

李振华　对此，老师们很受感动，都积极努力地工作。例如：班主任刘淑兰老师找学生谈心忘记了煤炉子上正在蒸着馒头，钢精锅烧化了都全然不知；高玉梅老师经常找学生交流谈心，了解掌握学生的心理变化，为他们解开心结。

陶继新　你在各个方面几乎做到了尽善尽美，老师们天天看在眼里，记在心里，把你作为榜样来学习。久而久之，就会形成良好的师风。良好的师风，又春风化雨般滋润着学生的心田，从而形成良好的校风。

李振华　那年省级规范化学校要进行验收，我们学校的办学条件不达标，于是全校教职工亲自动手刷墙、修路、绿化，齐心协力、艰苦奋斗的精神感动了验收人员。我们顺利通过了验收，也成为全县第一个省级文明单位。

师生积极参加学校规范化硬件建设

陶继新　在整个山东教育界，能评上"省级文明单位"的学校当属凤毛麟角，而像你们这所硬件设施较差的学校，能够评上更是难上加难。在你和全校师生的共同努力下，不仅规范化学校验收合格，而且成为全县第一个省级文明单位，这正应了中国的古语"人心齐，泰山移"。

李振华　我一辈子从事教育工作，从来没有离开过学校，直到61岁退休。在退休会上，我是流着泪走的。退休26年了，我仍然住在校门卫一侧的一间小平房中，因为我对学校、对师生有着深厚的感情。

陶继新　你感动了教师和学生，他们也感动了你，所以，才有了你们双向感动的泪水。现在你依然住在学校的一个小平房里，虽然房子既小又旧，可是能够天天见到教师和孩子，你的心里每天荡漾着一种特殊的喜悦。平房小虽小矣，可心境却是美又美矣。

2. 激励学生，向善向美

李振华　这些学生评"三好"，一个也达不到标准。为了激励他们，我就在学校设立了"提高进步奖"，按遵守纪律、思想品德、学习成绩设三大类，每一类设八个层次的奖项。比如：上周迟到了7次，下周迟到了5次，可能就会获得纪律提高进步七等奖；本次数学考试得20分，下次考试得25分，就可能获得学习提高进步八等奖；以此类推。奖品很简单，用红纸印成奖状，但对激励学生起到了很大的作用，人人都看到了希望，都想进步、提高。这些学生在原学校都是受批评的对象，获得奖状后感觉很光荣很高兴。家长们也从孩子身上重新看到了希望。

陶继新　"提高进步奖"的设立，让每一个学生都有了获奖的可能，这对于在小学时各个方面表现差甚至从来没有获过奖的学生来说，绝对是一个很大的"诱惑"。于是，主动积极表现，试图拿到奖励，就成了每一个孩子心中美好的向往。一旦获奖，就会喜出望外，也会在心里产生一种积极的心理暗示——我不是一无是处，我可以成为获奖的优秀学生。每一个人尤其是孩子都有着被认可被奖励的心理需求，而你的这些奖项则持续地激发了他们的内生潜力。当每个孩子都主动积极向上的时候，由"差生"或问题学生变成优秀学生也就有了可能，群体发展自然也就有了可能。

李振华　立德树人是学校的根本任务。建校后，我们在校园中竖起一尊雷锋的半身雕像，并将雷锋精神作为校魂，邀请"时代楷模"朱彦夫、爆破英雄左太传为学生作报告，邀请"雷锋连"的

邀请抗美援朝英雄朱彦夫为学生作报告　邀请爆破英雄左太传为学生作报告

连长为学生讲雷锋的故事。学校组建学雷锋小组、雷锋志愿者服务队，定期到敬老院为老人服务。

陶继新　榜样的力量是无穷的。雷锋，既是孩子们心中的偶像，也是他们学习的榜样。尤其是将"雷锋连"的连长请来为孩子们讲雷锋的故事，就更有感召力和说服力，更能激发他们学习雷锋的内在动力。组成学雷锋小组、雷锋志愿者服务队，引导他们从听讲走向实践，体验做好人好事的快乐。长此以往，雷锋精神就会在他们心里扎根。他们不但能更好地做人做事，也会更好地学习。

李振华　为对学生进行革命传统教育，我和老师们带领学生到烈士陵园瞻仰战斗英雄何万祥的塑像，教他们传唱《我们的连长何万祥》等革命歌曲。引导学生成立刘文学小组，让学生自己组织宣讲刘文学、向秀丽等英雄的故事，并把小英雄的名字制作成三角流动小红旗，号召全校学生争做新时期的小英雄。活动的开展收到非常好的效果：他们都以英雄为榜样，建立"红本子"记录好人好事，开展"学英雄，争做红孩子"一月一评活动，登上光荣榜成为孩子们无比荣耀的事情。

在英雄何万祥塑像前对学生进行革命传统教育　　以少年英雄名字命名的流动红旗

陶继新　"渠江水呀弯又长，有颗红星闪光芒，少年英雄刘文学……"这首曾经广为传唱的歌谣，说的就是新中国第一个少年英雄刘文学。我上小学的时候，他就是我们学习的榜样。向少年英雄学习，既能在孩子们的心里种下正直、善良、勇敢的种子，又能促使他们努力学习、不断进步。

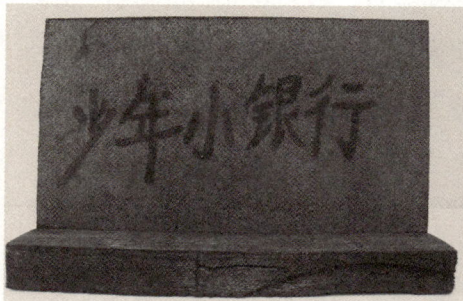

同学们自制的"少年小银行"标牌　　刘文学小组

李振华 为了培养他们节约的好习惯，在各班成立"少年小银行"。小银行都由同学们自己组织，家长平时给的零花钱舍不得花，都存到小银行里面，营业员给存条，行长、会计签字。这样既培养了他们节约的好习惯，也培养了他们的组织、工作能力。我们的做法在报刊上得到了宣传、介绍。

陶继新 "俭以养德"是中国人几千年来不变的行为准则。通过成立"少年小银行"，引导孩子们逐渐养成了节俭的习惯和良好的品德。这种品德一旦养成，他们就会终身受益。

3. 问题学生，因爱而变

李振华 我们学校的孩子们，成绩和思想基础都不是很理想，老师、学校就要用爱心去感化他们，让他们发生质的变化，并尽快转化为一名合格的中学生。为此，我提出一个理念：转化一名后进生与向高一级学校输送一名优秀生同等重要。在当时，我们也不知道提出的这一理念是否正确，我们考虑的是让学生均衡发展。

陶继新 "后进生"学习成绩差，多没有养成良好习惯，而改变一个人的习惯相当困难。一般教师对于"后进生"也多冷眼相待，这就让"后进生"的转化变得更难。在以考上高中论英雄的时代，你的"转化一名后进生与向高一级学校输送一名优秀生同等重要"的教育理念堪称振聋发聩，意义非凡，能够让老师们重新审视自己的学生发展观。

李振华　我们精准全面地掌握每个学生的情况，充分发掘他们的特长和闪光点，正面攻不下就从侧面攻，利用其特长促使其成才。学生中有一个高个男孩，他平时常打架斗殴，但好跳好蹦，体育成绩很好。我就经常找他谈心，引导他练习跳高。从开始跳50厘米逐渐地跳到1米，后来，在地面挖个坑让他从里向外跳，并一点点地加深。看他练习得很努力，我就给他买来水果糖作为奖励。看到自己得到了老师的认可，这个孩子更加努力了。再后来，他在小腿上绑上沙袋进行练习，虽然很苦很累，但他没有放弃。他在全县运动会上获得冠军后非常高兴，并对体育运动产生了兴趣，以后不用催促，就主动地训练。后来这位同学考取了体育院校，毕业后当了教师，工作成绩也很出色。

陶继新　人各不同，所以孔子提出了因材施教的教学方法。这

李振华（右一）与孩子们亲如父子

让我想起了全红婵。她开始上学的时候，数学成绩不好，她的班主任非但没有轻视她，反而发现了她的跳水天赋，并引导她走上了施展才华的成功之路。如果对全红婵的跳水天赋视而不见，只是让她和其他学生一样比拼数学，她肯定是老师眼里的一个"差生"。可是，班主任老师对其跳水天赋的发现及引导，让她在跳水领域脱颖而出，连续两届奥运会取得金牌。因教育得法，全红婵既实现了个人价值，更为我们祖国争了光。你对一个经常打架的后进生非但没有轻视与打击，反而发现了他的体育特长且着意培养，引导他在全县运动会上取得了第一名的好成绩。后来他考上大学，又当了体育老师，对社会做出了自己的贡献，这与你的因材施教与鼓励支持是分不开的。

李振华　一名学生是派出所的帮教对象，他打架斗殴、小偷小摸，经常进派出所，周边的人称他"南霸天"。要想转变这样的孩子，用强硬的方法是行不通的，靠批评教育也行不通，只有用爱、用感情去感化他。我就耐心地一次次找他谈心，拉着他的手询问学习生活情况，与他交朋友，亲切得像家人一样。他慢慢地与我越来越亲近，也无话不说了。一次他回家的路上与人打架，头部被打得流血，又不敢回家，直到半夜犹豫再三才敲我的办公室门。那时我住在办公室，看到他满脸是血，心疼得流泪了。他看到我流泪了，非常感动，双手抱着我边哭边跟我说与人打架的原因。我没有责备他，而是安慰他，把他脸上的血洗干净，抹上红药水，处理好伤口，拿来一条饼干给他吃，并趁机对他说："固然你是在打抱不平，但打架的危害性很大，你被人家打伤了或是你把别人打伤了，不但老师心疼，你们的爸爸妈妈更是心疼。"他很感动，也很后悔，表示今后再不会与人打架了。后来，经过他家长同意，我让他与我一同住在办公室。朝夕相处久了，这孩子变化很大，学习越来越努力，毕业时他以优异的成绩考入沂源一中。通过这个案例，我深深地体会到，"爱"有着巨大的能量，它可以改变一个人的一生。

陶继新 一个平时惹是生非的孩子，夜间被打得头破血流的时候，竟然敲响了你的房门。如果不是对你的高度信赖，他是不会这样做的。你了解这个孩子此时此刻的心理，一句批评也没有，而是安慰他，给他清洗、上药，拿饼干给他吃。这种有悖于"常理"的行为，深深地打动了他，他主动承认错误并说出以后不再打架的话。这种爱的教育，无疑起到了改变其一生的作用。

李振华 我班有个同学经常偷东西，有一次，他将一个学生夹在书本里准备买运动鞋的 20 元钱偷走了。有同学告诉我看到是这个学生拿走的。我叮嘱这个学生不要跟其他同学说。为了不让孩子的自尊心受到打击，我想到一个办法——在班上我对同学们说，某某同学的 20 元钱不小心丢了，如果谁捡到了，给我或给同学都可以。然后在教室中来回走了一趟，我说："我看了全班同学的表情，已经知道是谁捡到了。如果不好意思给我或同学，可以放到教室后面的砖块下面。"第二天，这位同学就把钱放到砖块下面了，还写了一张纸条塞进我办公室的门缝，把这一情况告诉了我。当我让班长从砖块下拿回钱来的时候，同学们都非常惊讶。一段时间过后，我找到这位同学谈心，讲了这种不良习气对人生的影响。他很是感动，激动地对我说："感谢老师在同学面前给我留了这样大的面子，今后我不会再干类似的事了。"这种处理方法既不会伤害孩子的自尊心，也促使他下定决心改掉这种毛病。

陶继新 这是工作艺术，更是一种大爱。因为你知道这个孩子是一时之错，而非劣性难改，如果公开揭发出来，对他肯定是一个致命打击，会影响他一生的发展。你的巧妙而含蓄的话语，则用善意告诉他，一个孩子犯了错误不可怕，只要改正错误，就可以既往不咎。更重要的是，你给了这个孩子一个暗示，这件不光彩的事只有老师一个人知道，而且会永远保守秘密。这样，既给了他一个悔过自新的机会，又让他没有失去一个学生应有的尊严。

正如你所料，他没有将这20元钱据为己有，而是听老师的话偷偷放到了教室后面的砖头底下。当你像变戏法似的让班长从那块砖头底下取出那20元钱的时候，全班同学定会感到惊奇，认为你有超乎常人的洞察力。而那个拿了别人20元钱的孩子心里，定会升起激动与感动不已的感情。这会让他一生记住这件不堪回首之事，也会让他终生不再做类似的事。教育的作用，就如此神奇地产生了。

李振华 有一个孩子很调皮，且不遵守纪律，经常迟到、早退或旷课。一次他得了重感冒，却坚持着来上课了。我感到教育转变他的时机来了。于是，我亲切地摸摸他的额头，赞扬他："你得了这样重的感冒还坚持到校上课，真的很顽强。"我让他到我的宿舍躺一下，他摇摇头。我回家煮了一碗面条，加了两个荷包蛋，端到教室给他吃。在看到这碗面条的时候，孩子感动得流泪了。从此以后，他慢慢发生了转变，还当了一名小组长。对于这样的孩子，我们要用"爱"去温暖他们，使他们从内心发生变化。

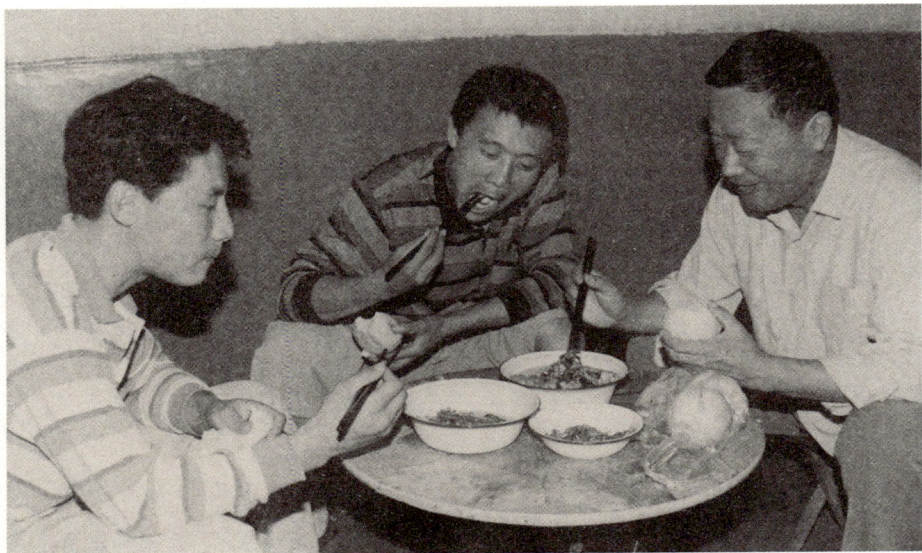

李振华（右一）与受资助学生同吃同住

陶继新 一般老师并不喜欢非常调皮的学生，可正如《中庸》所言"天命之谓性，率性之谓道，修道之为教"，你并不认为"孺子不可教也"，而是顺势利导，精心培育。在他感冒的时候，你为他做了一碗挂面和两个荷包蛋，此时此刻，他肯定非常感动。所以，他后来进步很快，还当上了小组长。

李振华 我认为，没有教育不好的学生，只有不会教育的教师。为转变后进生，改变他们的人生命运，我们学校的老师真的是做到了苦口婆心、废寝忘食，全身心扑在了孩子们身上。老师们这种爱生、敬业的精神，永远值得学习。

陶继新　其实，某些孩子的某些不太好的行为，并非孩子有意为之。我非常欣赏心学集大成者王阳明的致良知说。他认为，人人皆有良知，即使这个人做了不正确的事，这个人依然有良知。他认为良知像太阳一样，阳光灿烂的时候，我们可以看到太阳，如果有一片乌云遮住了太阳，我们就看不到了。教师，就要将遮蔽在孩子身上的乌云拂去，让阳光普照大地。

你上面谈到的几个孩子，尤其是打架斗殴的孩子，同样具有良知，只不过有的时候，乌云遮蔽了他们头上的太阳。你想方设法让乌云散去，让阳光重新照射在他们身上；所以，就有了一个又一个孩子的"改过自新"，他们也就有了努力向上的动力，拥有了美好的前程。

李振华　县里虽然不让我们学校参加各类考试，但我们会争取参加。经过全校师生的积极努力，我们每次的考试成绩都会有所提高。到初三上学期，县里举办全县语、数、外、理、化五科比赛，我们校取得了令全县震惊的成绩：四科第一，一科第二。三年后中考，升学率达到98%，居全县第一，且无一犯罪记录，创造了"点石成金"的奇迹。县里决定把学校更名为沂源县实验中学，学校在沂源县第一个获得"省级文明单位"称号，成为淄博市初中学校的一面旗帜。三年前曾来采访的《人民日报》的刘主任再次来采访，看到学校取得的成绩，非常吃惊，于是在《人民日报》上发表了《爱心滋润后进生》的报道，并配发评论员文章《校长是关键》。此后，来自全国各地的参观学习者络绎不绝。老师们在学校良好风气的影响下，奉献意识不断增强，工作能力得到提高，一个积极向上的团体逐渐形成。几年时间内，我们学校20多名骨干教师被选调到全县各中小学校任校级领导，县委组织部称实验中学是教育干部的摇篮。

《人民日报》刊发评论员文章《校长是关键》

陶继新　正是因为有了正向的激励，学生才有了主动学习的内驱力。你校的学生在主动学习的时候，无形中就形成了一个积极向上的氛围，身在其中的孩子，必然受到好的影响，而每一个孩子的积极向上，又为这个氛围增加了新的能量。如是循环往复，考出如此好的成绩，也就是顺理成章的事了。

《人民日报》刊文《爱心滋润后进生》

　　同时，孩子不只是在校取得了好成绩，有了很好的表现，到了高中、大学乃至步入社会，还有可能保持着这种积极向上的精神状态。

　　人的可塑性何其大啊！在爱的滋养下，这些刚入学时看似不可雕的"朽木"，一个个"悔过自新"，蜕变成了品学兼优的学生。如果没有你的大爱之心和教育智慧，这是不可能发生的。

第

肆

章

爱生如子，愧对家人

一、父逝坚持教学

李振华　1980 年夏天，我正在张家坡中学送高考，离高考还有两个多月的时候，我收到了一封母亲从南京发来的"父病重速归"的加急电报。看到这份电报的时候，我心里很慌乱。那时候我父母都 73 岁了，两人在南京相依为命，一般情况下，如果没有特别的事情，母亲是不会告诉我的，既然告诉我了，父亲的病一定是已经发展得很重了。望着沁满母亲泪水的电报，我真想立刻飞回南京，但是，正值高考的前夕，我担任 4 个班的政治课老师和 1 个班的班主任。我在想："如果我回南京的话，孩子们怎么办？农民的孩子上学不容易，他们带着地瓜、窝窝头翻山越岭，在宿舍打地铺，寒来暑往，父母面朝黄土背朝天，千辛万苦供他们上学，就是为了让他们读书，改变命运。可是如果我不回去，父亲又怎么办？"

我一直在反复考虑，难以抉择。

当时的校长耿志明跟我说："回去的车票给你买好了，你回去吧。"

我思来想去，决定先不回去。

我就跟耿校长说："过几天看看再说吧。"

大约在三五天后，我又收到母亲的第二封加急电报："父病危速回。"我接到电报时心里更加难受了，好像在油锅里一样煎熬，苦读十几年的孩子们的前途、病危的父亲，真的是让我难以抉择。

陶继新 你这种感情与思想的斗争是人之常情。你回南京尽儿子之孝，是无可厚非的，任何人都能理解，况且，校长还主动为你买了回南京的火车票。想想小时候父亲对你的疼爱与关心，如果这个时候不回去，真的会伤透他的心，也失去了一个儿子的孝心，是愧对生你养你关心你的父亲的。

你爱学生，尤其担心由此会影响他们的考学，因为你知道，在当时，只有通过高考才能真正改变这些孩子的命运。而你回南京侍奉病危的父亲，虽属天经地义，可事实上必然会影响到学生的学习乃至他们的高考成绩，甚至会让一些本来可以考进大学的孩子终生与大学无缘。

既要报答父亲的养育之恩，在其病危之时尽一个儿子的孝心，又要倾尽全力，教好即将高考的学生，这对你来说，无疑是逻辑上的一个两难推理。

李振华 我的心情就像是在油锅里煎熬，深夜里，等学生们都睡着了，我就偷偷地起来到学校的后山上走来走去，心里反反复复地考虑：回去，还是不回去？

第二天中午，我的办公桌上放了一份全班同学签名的保证书：尊敬的李老师，家里爷爷病重，您赶快回去吧！我们在这里一定好好复习，好好高考，请您放心！回去吧！回去吧！回去吧！

当看到这份保证书的时候，我的眼泪哗哗地流了下来。面对如此懂事、为我着想的学生，作为他们的老师，在这个关键时刻，我能走吗？对得起他们吗？

陶继新　所以，才有了全班同学希望你回去的签名保证书。这自然让你十分感动，可是，父亲那边呢？做儿子的不回去，怎么能行呢！这个时候，你一定在绞尽脑汁地思考，是不是有一个两全其美之策，既能回去照看父亲，又能不影响自己的教学工作。

李振华　学生们苦读了十几年，我是个老师，怎能抛下他们？这时我下定了决心：不能回去。

但是，我父亲怎么办呢？

犹豫再三之后，我决定派同样在备战高考的二儿子回南京伺候老人。

1977 年恢复高考后，同学们都很期望参加高考。我的二儿子学习成绩还可以，高考还是很有希望的。

他听到我说让他放弃高考，坚决不同意。

"你是爷爷的儿子，你怎么不回去啊？"

"关键时刻我怎么能中断复习？"

"正因为是关键时刻才这么做。我是班主任，这里有 200 多个孩子，走了会影响他们的高考冲刺。那些农民的孩子苦读多年，改变命运就指望着高考，如果考不上，就只能回家种地，而你吃'国库粮'，考不上还可以就业呀！想来想去只有牺牲你了。你爷爷做了一辈子教师，他会理解我的。"

"爸爸，让我再复习一下午。"

他心里还是不想放弃，还是想着高考。我说不行，他无可奈何地含着泪，去南京代我尽孝了。

把他送到汽车站，在汽车发动的时候，我猛地转过身去，不敢看那辆汽车，眼泪止不住地流下来。当时，我心里有一种说不出的愧疚感，觉得对不起他。那时候的高考只能考一年，是不能复习再考的。

陶继新　前段时间我在写刘俊奇《燃灯人》一书的书评时，副标题中就用了刘禹锡的"道是无情却有情"的诗句。从当时来看，你对你的父亲和孩子都很绝情，都很无情，但是从大的和长远方面考虑，你对200多个学生在高考中取得更好的成绩发挥了举足轻重的作用，又是有情的。当然，这个情是大爱之情，是把别人的孩子当成自己孩子的博爱之情。

另一方面，你的父亲是一个很伟大的父亲，他想在临终前见到自己的儿子，可他的心里也很矛盾，他又很希望你不要为他而耽误了200多个孩子高考之前的冲刺。从这个意义上说，他虽然渴望见到你，可又明白你是为那么多孩子的高考负责而不能回去，他心里又是欣慰的，因为你是他的儿子，你像他那样关爱着更多的孩子。所以，即使在九泉之下，他也可以安息了。

另外，你对自己的孩子，坦诚地说，是有点不公平的，甚至是无情的。他可是你的亲生儿子啊！关爱儿子，是每一个父亲应尽的责任与义务，可是，在其考学的关键时刻，你却让他作出了常人难以想象的牺牲——与上大学做了一个心碎的"诀别"。也就是说，你这个亲生父亲，为了200多个孩子的前程，牺牲了自己孩子的前程。

这又是"道是无情却有情"的，你并非无情，而是有大爱，是舍小家，顾了大家。这正是你值得沂源人对你分外敬仰之处。

好在时光流逝，这一切都成了过去。尽管亲生儿子没有如愿以偿地考上大学，但是你的200多个虽不是亲生孩子但又胜似亲生孩子的学生，走出了大山，或上了大学，或有了其他方面的更好的发展。他们不但成就了自己，有了更好的前程，还让他们的家庭拥有了幸福。从某种意义上说，他们又何尝不是你的孩子，你让这么多的孩子有了走向美好未来的可能，也就拥有了更多的幸福。

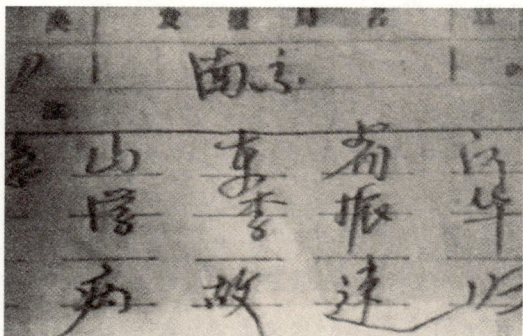

父亲病故时发来的电报

李振华　在孩子回到南京的第三天，紧接着就发来第三封电报：父病故速归。

父亲没有撑到日夜思念的儿子回去看他一眼，便撒手人寰了。那封电报上的寥寥几个字，就像一记重锤，击打在我的心上。当时，我眼前一阵发黑，瘫在了地上。醒来后，我不自觉地抓起了桌子上的一沓白纸，晃晃悠悠地走到学校的后山上，烧起白纸。我跪在地上，面向南京的方向，号啕大哭："父亲呀，儿子不孝！我对不起您呀！对不起您呀！"

陶继新　从父子亲情方面讲，你是真对不起父亲！不过，你以一种特殊的方式，表达了对父亲的愧疚之情。如果老人家地下有知，他会原谅你的。因为他是一个心有大爱、行有大德之人，他知道你是他的儿子，同样知道，你所教的200多个学生也是你的孩子。你对得起他们，让他们有了更好的前程。从这个视角讲，你又是一个最值得敬佩的人。倘若你的父亲地下有知，他会为有你这样一个儿子感到骄傲的。

李振华　过了一会儿，想到孩子们都在紧张地复习，在这关键时刻，我不能耽误了他们。转过身准备回去上课的时候，我看见很多学生跪在我的身后在流泪。

我想，不能因我的情绪影响到同学们。我忍着极大的悲痛，擦干眼泪强打起精神说："同学们，我们回去上课。"

走进教室后我发现，学生们在讲台上给我放上了一把椅子、一杯热水。这节课，我不知道怎么讲的、效果怎么样，但我知道，最起码稳定住了同学们的情绪。

陶继新　他们已是高中生，懂得你的痛苦，更知道这种痛苦是为了他们才承受的，所以，当你面向南京燃烧白纸深切悼念父亲的时候，那一群孩子也在默默地悼念他老人家。他们用这种最纯朴的方式表达了对你这个不是父亲又胜似父亲的老师的爱，同时，有了你这样像父亲一样关爱他们的老师，他们必然会不负期待、努力学习。这种动力会支撑他们一直到高考，在让他们考出更好成绩的同时，依然保持着像你一样持续追求的精神。

李振华　这年高考，学生们考得特别好。当看见同学们的大学录取通知书的时候，我悲欣交集。父亲故去，我没能在床前端一杯水，递一片药，儿子也落榜了，我只能把这份悲怆、负疚，深深地藏在自己的心底。

同学们踏进大学校门后的第一封信是写给我的，信里写道："敬爱的李老师，是您忍受着人间最大的悲痛，把我们送进了大学的校门，我们永远忘不了您！"我感谢我的学生对我的理解。

陶继新 跨入大学校门的学生们的第一封信是写给你的，他们首先想到的是对你的深深感谢。而且，这种感谢会深深地融入他们的血液里，会转化成一种好好做人、积极进取的不竭动力。他们还会将这种大爱传播给更多的人。

二、母病未回南京

李振华　父亲去世后，本来是不想让母亲知道的，可还是没有瞒住她。母亲精神受到巨大打击，过度悲痛导致脑出血，到医院抢救了5天，虽然没有生命危险了，但是从那时起留下后遗症，半身不遂，也不能起床了。

陶继新　你母亲之所以突患脑出血，一是因为相依为命几十年的老伴溘然而逝，她难以承受这种巨大的打击；二是最需要儿子在身边陪伴的时候，却孑然一身，有茕茕孑立、形影相吊之苦。而远在山东的你，听到这个消息的时候，心中的痛苦可谓雪上加霜。你如果再不回到南京侍奉母亲，对你而言，真有些情理不容啊！

李振华　此时离高考越来越近了，我更是脱不开身，只好让孩子继续在家照顾老人。她不能起床以后，南京市教育局和我们家所在的居委会知道了这个情况，要把我调回去，就向沂源县教育局发来了一份商调函，调我到南京市鼓楼中学。当时我心里想："我也该回去了，我不回家，母亲没法生活了。"领导跟我谈了三次："李老师，你也该回去了，这么多年，你为沂源做出了这么大的贡献，也对得起沂源人民了。"

陶继新 这个时候回到南京，当是天经地义之事。况且，南京市教育主管部门已经发来商调函，沂源的领导也认为你应当回去陪伴母亲，即使对你深爱有加的老百姓，也觉得你该回去了，尽管他们是那么不舍。你已经有了割舍父子亲情之苦，不能再让你在割舍母子亲情之苦中煎熬。这个时候即使走了，你所教过的沂源的学生乃至所有老百姓，也会永远想念你、感谢你的。

李振华 临行前几天，晚上基本睡不着觉，乡亲们一个又一个地到我家来，舍不得我离开。

一天早上天还未亮，就有人敲门，开门看到的是在掉眼泪的乡亲们，有的挎着篮子，篮子里装满了核桃、花生、苹果、红枣，还有的抱着老母鸡，让我带回南京去。看到这样的情景，我感动得泪流满面。

乡亲们舍不得我走，这份情太重了。在沂源，有的人家我教过三代人，他们都当我是亲人。我很激动地对乡亲们说："乡亲们，我不走了！"乡亲们听后都只是默默地站在那里。我放弃了最后一次回南京照顾母亲的机会。

陶继新 乡亲们深知他们的孩子多么需要你，因为你维系着一代又一代孩子的前程。没有你，哪有政治高考成绩年年保持全区前三的好成绩？哪有那么多的孩子进入高等学府继续深造？可是，他们又感觉必须让你走，尽一个儿子的孝心。所以，他们用这样一种乡间最纯朴的形式来看望你，为你送行。而你，就是在这种特殊情境下，被深深地感动了！于是，就有了脱口而出的"我不走了"四个字。其实，再深入思考一下，这绝非一时的心血来潮。即使在打起行囊将要起程的时候，你的不舍之情也会一直在心里回旋，你最终还是选择了永远留下。这缘于当地乡亲与孩子们对你的深爱，同时，更因为你"舍我其谁"的责任感与使命感。留下来继续为沂源教育奉献，也是你的高尚人格的折射与彰显。

三、母亲溘然而逝

李振华　为了让我安心在沂源教学，又让母亲老有所依，乡亲们先后派去了8个女孩照顾我母亲，一直到1990年。

这个时候，我已经不在农村工作，调到县城来了，我就不想再麻烦乡亲们了，更重要的是我觉得愧对父母。为了弥补自己对父母的愧疚，我想把母亲接到身边，好好伺候她几年，尽一下自己的孝心。我在假期回到南京，动员我母亲。回去以后我跟母亲说："我想把你接到沂源去。"我母亲听到要接她去沂源，怎么也不愿意，当时我觉得我不该说这句话，感到很后悔。那时候母亲已经83岁了，你想，一个残疾人躺在床上快10年了，俗话说落叶还要归根，浓浓的乡情很难割舍，我却要把她接到千里之外，我觉得自己很不懂道理。当时我后悔莫及，我不该提出这个事来，虽然我要尽尽孝心的想法很好，但是她老人家接受不了。我一整夜没有睡觉，后悔得直掉眼泪。

但是，到第二天早上，我母亲突然改变了主意，坚决要跟我去沂源。我知道这不是母亲的真实意愿，她完全是为了我。在这个问题上，对于她来说，是一个无法形容的纠结，更是一个非常艰难的抉择。她年龄那么大了，是不可能想到千里之外的地方去的，我懂得，母亲的这个选择比我要留在山东的选择还要艰难很多倍。

陶继新 我想，你"一整夜没有睡觉"，你的母亲也可能彻夜未眠，反复思考。继续留在南京，一是有沂源村民的女儿侍奉，二是她已习惯了南京的生活。可是，母亲爱儿子爱到深处是考虑你的感受，所以，她"突然改变了主意"，答应了你去沂源的请求。

李振华 当时我想坐火车回沂源，可她舍不得花钱，就找到一个返回沂源的运送苹果的货车，一路颠簸地把母亲接到了沂源。到沂源开始往下搬行李的时候，我突然看到一个红色箱子。当看到这个红色箱子的时候，我跪在母亲的身边，眼泪忍不住地流了下来，因为我知道这个箱子里面装的是母亲几年前为自己准备的寿衣。她决定随我来沂源时就没有向好处想啊！母亲当时的选择是多么地艰难，这全都是为了我啊！

母亲来沂源后，我特意从临沂给她买来大米，那时沂源还没有暖气，我就给她生起煤炉。尽管我做了充分的准备，尽力地照顾她，想让她颐养天年，可还是因对北方的气候不适应，饮食不习惯，有什么想法也憋在心里不肯对我说，怕我为难，来了不到一年，在1991年的腊月十八凌晨三点钟，我的母亲毫无征兆地去世了。

母亲突然去世，我一点儿心理准备都没有，不知所措，我跪在母亲的遗体前，悲痛万分，放声大哭，泪水不停地掉在母亲的脸上。当时我觉得很后悔，我不该把她老人家接来。

陶继新 你之所以要母亲来沂源，是想尽儿子的孝心；母亲之所以溘然长逝，除了一路颠簸之外，水土不服也是一个重要原因。她80多岁高龄，背井离乡，来到穷乡僻壤的沂源，就是想着在自己生命的最后时段，与亲生儿子在一起。她也许知道，由此会提前结束她的生命，可她依然坚定不移。如此想来，母爱之伟大，真的令人感动不已。

你不仅有一个伟大的父亲，你还有一个伟大的母亲。她虽然没有为沂源百姓做出惊天动地的贡献，可她把自己的儿子献给了沂源百姓。

这不由得让我想起臧克家的著名诗句："有的人活着，他已经死了；有的人死了，他还活着。"你的父亲和母亲虽然去世了，可他们一直活在沂源老百姓乃至更多人的心里，所以，你在感到万分悲痛的时候，也应当为有这么伟大的父亲和伟大的母亲感到骄傲和自豪。

李振华 1991年腊月十八正是放寒假的时候。那时我是校长，学校要开放假会，其他几个副校长就商议不让我参加了，但是我考虑，如果我不去参加，老师们一定猜测我家里出了什么大事。这里有个风俗习惯，老人去世，亲朋好友是要拿钱去或买一些火纸表示一下的，我不想让别人花钱。再说，自己的事再大也是小事，公事再小也是大事，我坚持参加了这个会，等老师们把学校为他们准备的一些过年的东西领完离校后，我才赶紧回家，把母亲的遗体运到县中医院。为什么要到中医院呢？因为这家医院在城乡接合部，比较偏远，我不想让老师们和其他人知道母亲去世的消息。

因为我是校领导，也是一名党员，必须廉洁自律、以身作则。

尽管一再注意保密，但还是有人知道了。我记着，在办丧事的那个地方还是有许多人过来吊唁，其中有 6 个韩旺、张家坡的老学生，他们的头发都白了，跪在我母亲的遗体前一面烧火纸一面哭着喊着："奶奶！你别责怪俺李老师，他是为了我们，把你接来的。"学生们在真心为我承担这份愧疚。

当时我听到他们的哭喊声，看到火纸灰在天上纷纷扬扬，心里更加悲痛。我想，你们承担不了我的这个责任、这份愧疚。丧事办完以后，副校长王明阳对我说："送来的火纸都烧了，但也有人知道你家庭困难，凑了 960 块钱送来。"我听后对他说："不能给他人添负担，一分钱都不能要，赶快退回去。"他说，马上到春节了，办丧事的钱退回去不吉利。最后没办法了，我带着 3 个孩子，把这 960 块钱送到南麻敬老院去了。我跟老人们说："我父母都不在了，今后你们就是我的父母，我来孝敬你们。"当时老人们都哭了。

陶继新 6 个白发苍苍的老学生的哭喊声，犹如在我们的耳畔回响，凄切、悲痛而又动人心扉。他们懂得你那时那刻的心情，所说的话，是在让你不要过于责备自己，因为你也完全是为了让母亲在晚年过得更好。事实也确实如此，你的所作所为，既是为了沂源的教育，也是希望自己的母亲过得更好，所以，尽管今天你谈起这件事依然泪流满面，可我认为，你不仅是一个真正的孝子，而且也是一个真正意义上的沂蒙山区的好儿子。

李振华 我母亲、父亲去世以后，我觉得很愧疚，说实话，好多年我都不敢回南京。有一年去南京一所大学作宣讲，文强（受我资助的学生）陪我到父母的坟前祭拜，我跪在那里哭得都起不来了，是文强把我抱起来的。

父母去世以后，我找到一个弥补自己愧疚、能让自己心理上平衡一点儿的办法：每天早上起床都会面对着南京的方向三鞠躬，表示对他们的思念。我现在快 90 岁了，每年清明节都会给他们烧纸，跪下磕头，自己跪不下，就让文强架着胳膊慢慢地跪下。

多年后回到父母坟前祭扫，长跪不起

陶继新 这是你表达内心哀思的一种方式，你在以此来弥补自己对父母的愧疚之情。他们在不该走的时候走了，其中自然有你的原因，如果你像一般儿子一样，返回南京，天天守在他们身边，他们该是多么欣慰甚至幸福，而有了这样好的心情，一般来说可以延长寿命。可是，你没有从个人方面考虑，甚至没有过多地考虑父母的心情与困难，而更多考虑的是让沂源老百姓的孩子受到更好的教育。从这个意义上说，你也是伟大的。正因如此，沂源那么多老百姓把你当成他们的亲人，如果你的父亲和母亲还活着，他们也一定会为有你这样一个儿子而欣慰和自豪的。

所以，希望你不要苛责自己，因为你的父母如泉下有知，他们非但不会责怪你，反而会感到欣慰，为你骄傲。

四、负『债』妻子儿女

李振华　随着年龄的增长，我有时回忆起来，自己做的一切都只是为了工作，可以说是一个不称职的儿子，也是一个不称职的丈夫、一个不称职的父亲。

陶继新　在一般人看来，你可能真是一个"三不称职"的人，有的时候，你自己也会有这样的想法。我也认为你负"债"于妻子儿女，甚至早已"债台高筑"。可是，我深入思考之后，又认为这只是一种表面现象，而深层之中，你却是一个最称职的儿子、丈夫和父亲，因为你无愧于自己的人生，为沂蒙山区教育事业做出了巨大的贡献。而一个男人，能有如此作为者，不是顶天立地之人吗？不是可以流芳千古而让自己的父母、妻子和孩子感到骄傲、自豪的吗？

李振华　对我的妻子，我很愧对她。我们结婚 65 年了，因为我的钱基本都捐出去了，只有她的工资来维持这个家庭的生活。那时的她，夏天只有一件上衣，白天出汗多了，晚上洗一下晾干，第二天再穿。那时候吃国库粮，购粮本上有部分细粮，为了能够吃饱，总是把细粮换成粗粮。她跟了我 65 年，我感觉对不起她，就像欠了她一笔账一样。

李振华的妻子和孩子们

陶继新　你说自己是一个不称职的丈夫，可以这样说，也可以不这样说，为什么呢？

你为了工作，确实没有尽到一个丈夫的基本责任，以致让她操劳一生甚至穷困一生，可是，人活着不仅仅是为了生活上的富足，更需要精神上的富有，而你恰恰是精神上的极其富有者。从这个意义上说，你对得起妻子，她也会因为有你这样一个丈夫而骄傲。事实上，在很多方面，她是把你作为人生榜样的。在几十年的工作中，她兢兢业业，任劳任怨，与你有着精神上的一致性，所以，你不必太过歉疚，只需用心去呵护她，一起走好未来的路。

李振华 对孩子来讲，他们三个从小学到初中这个阶段，基本上都是妻子一个人照顾，上高中才到我那里去。

我对他们要求很严，不让他们搞特殊。他们离开母亲以后很想跟父亲亲近一点儿，但是我的工作真的很忙，我担任4个班的政治课教师和一个班的班主任，一星期中，加上自习课要上28节，没有一点儿空闲时间。

那时，我的二儿子和女儿就在我班里，可我没有一点儿时间去辅导他们，或者去问问他们的学习情况。我的孩子在小时候对我很不理解。

我的大孩子在接受媒体采访的时候说："我父亲把工资全部捐出去了，辅导别的学生特别耐心。为什么爸爸对别人家的孩子比对自己的孩子还要亲？小时候感到很奇怪，长大后，我才逐渐理解。"

我对他们说："我是个人民教师，不是个家庭教师，你们要靠自己去奋斗，我不能只给你们辅导。"

陶继新 我认为，你应该清楚孩子为什么不理解你。别人家的父母多会专注于自己孩子的培养，而你却有悖于常情，全身心扑到工作上，为了班里学生终日奔忙，极少关注自己的亲生儿女。但你的大爱情怀，始终闪耀着精神的光芒，照亮了更多孩子的前程。况且，你已经把你教过的所有学生当

李振华为学生们辅导功课

成了自己的孩子，他们也把你当成了他们的父亲。从这个意义上说，你虽然亏欠了自己的孩子，却由此让更多的孩子受益。

从另外一个视角考虑，有的时候对孩子不管不问，对他们的成长未必是一件坏事。这样能够让孩子知道，自己的路必须自己走。

在这方面，我二妹妹做得非常好。当年她的大女儿跟着奶奶在农村生活，从小学到高中也是在农村上的学。二妹妹的二女儿跟着来到济南，从小学一年级起，二妹妹就让她的二女儿自己做饭，直到上高中住校。而且，二女儿学习如何，她几乎从不过问。可是，她的这个二女儿，却成了我们兄弟姐妹六人的孩子中的佼佼者。

李振华　我记得在女儿上小学二年级的时候，有一次我回家，带回了6个文具盒，正面印着小女孩跳绳的画面，她看见了很高兴，心想，爸爸肯定会给自己留一个，可最后我把文具盒都分给了班里的其他同学。她很不高兴，感到自己在爸爸的心里还不如其他孩子重要。她性格比较刚强，赌气说："我不跟着我爸爸姓了，跟着妈妈姓。"她名字本来叫李海英的，自己改成了杨海英。发现她自己改了姓以后，我也有所触动，心里觉得对不起她。后来想着跟她妈妈姓也挺好，就这样放下了。

陶继新　女儿的改姓"风波"，只是小孩子的一时之气而已，并不能由此认定她终生不认你这个父亲。其实，一般孩子如果遇到像你这样过于"不公"的做法，也会生气的。

李振华　反过来，有一个姓杜的小孩，我一直资助他、帮助他，他结婚以后生了一个孩子，在我不知道的情况下让孩子跟着我姓，起名叫李阳。我寻思孩子的小名叫李阳，就跟着叫李阳，等孩子上学了才知道她随了我姓李。我问她爸爸孩子怎么姓李不姓杜。他说为了感谢我的恩情，让孩子跟随我姓。我觉得这个事是绝对不可以的，后来，我到派出所把孩子的姓给改了过来。

陶继新 你资助过的孩子结婚后让自己的孩子随你的姓，也许是以为你女儿改姓会对你心灵造成伤害，同时也说明他对你感恩戴德，他在以这种特殊的方式予以回报，还有，他觉得他就是你的孩子，他的孩子姓你的姓，非但没有什么不好，甚至有一种自豪感。

李振华 虽然从我身边走出了成百上千的大学生，但我的三个孩子高中毕业以后，一个上大学的也没有，都到厂里当了工人：大儿到离县城 100 里外大山深处的某兵工处当了一名锅炉工，二儿到东风化肥厂当了一个车间工人，女儿到沂源缫丝厂当了一名缫丝工……

所以，他们那时多少对我都有些看法，但随着年龄的增长，我一直跟他们说，当老师的就是这个样子，要把学生放在第一位。

陶继新 你的那么多学生考上大学，有了很好的发展，走向了成功之路。你的孩子虽然没有考上大学，却并不能说他们不成功。比如我虽然 30 岁才考上济宁师专，可是，我觉得在家当 10 年农民的时候也非常成功。只要对得起自己、他人和社会，又力所能及地做有益的事情，就是成功的。

李振华　是的，女儿慢慢长大了，也逐渐明白了我这样做的意义，一再要求把名字改回来。我跟她说，跟谁姓都一样，姓只是一个符号。现在，妻子和孩子们都很支持我。

现在，我年纪大了，我的三个孩子对我特别孝顺，不管吃什么好东西都给我先送来，经常买上新衣服送来，嘘寒问暖。孩子们对我说："爸爸，你这一辈子不容易。"他们对我特别地孝敬和理解，我感到很幸福。作家给我写的书出版后，我给他们每人一本，告诉他们，不管什么时候遇到困难了，就拿出来看看我是怎样做的。

也许是受到我的影响，女儿在二次就业时也选择了教师职业，孙女、外孙女也当了老师，我的孙媳、孙女婿、外孙女婿也都是老师，他们都干得有声有色。现在，我们家一共有 7 个人选择了教师这一职业。从我的祖父到我的孙辈，我们家可以说是一个教育世家。

陶继新　这不就是成功吗？这不让你感到自豪吗？你从来没有娇惯过孩子，他们却有了自理自立的能力，而且变得越来越好。尤其是你这个家后继有人，成了教育世家。他们还会以你为榜样，培养出更多有德有才之人，继续为沂蒙山区的发展做出贡献。

李振华　年纪大了，有时候在想，我确实是一个不称职的儿子、丈夫、父亲，对自己也很苛刻，但党对我的培养、领导对我的关爱，特别是沂源县父老乡亲对我的养育之恩，永远难报。有时候我拿出初到沂源时的老照片看看，可以说，那时候自己是一个幼稚的青年，71 年以后，已变成一个白发苍苍的老人了。虽然腰弯了，耳朵也听不清楚了，眼也花了，走路也不再稳健了，但是，自己来时的方向却更加清晰了——来到沂蒙老区就是来送知识的，只要我还有一口气，就一定会沿着前方的路继续走到终点。

党培养了我 65 年，领导一切为我着想。我在沂源待了 71 年，乡亲们像亲人一样关爱着我，我喝的是沂源的水，吃的是沂源的粮，沂源的父老乡亲养育了我 71 年。现在我不管怎样努力地做，也报答不完党的培养、领导的关爱、老区人民的养育之恩。

陶继新 大自然每年都有春夏秋冬四季的轮回，人何尝不是如此？不管你是什么人，都必须经历从儿童、少年、青年、壮年到老年这个过程。

我又在想，人的生命历程又不同于春夏秋冬的自然转换。因为所有新生儿的第一声啼哭，并没有太大的差别，可是，到了白发苍苍的时候，有的人会因终生庸庸碌碌、一事无成而遗憾，而你，却会因硕果累累和为社会做出重大贡献而欣慰。想到这里，你不应当为自己的终生奋斗与奉献而由衷地高兴吗？我又在想，你不是欠了妻子和儿子一笔债，而是为他们积累了一笔丰富的精神资产，从而让他们也能走进更加丰盈的精神世界。

093

李振华 我现在每月只留 500 元做生活费，生活虽然艰苦点，但我心里觉得挺好。

陶继新 500 块钱作为你一个月的全部生活费，在你看来是够用的，但对一般人来说，则是不够用的。为此，你必须勤俭节约，只要能不花的钱绝对不花，即使在一般人看来需要花的钱你也不花，比如你现在穿的中山装已经破旧不堪，领口上因磨损而露白。不熟悉你的人，也许会认为你是一个收入微薄、穷困潦倒之人，其实，你每月收入不少，只是将更多的钱资助了更需要的人。我走南闯北几十年，还没有见过为奉献爱心而如此节俭的人。我以前没有做到，现在没有做到，以后也未必能做到。不过，虽不能至，然心向往之，而且会向你学习，尽量节俭，多做有益于他人的事。

第伍章

克勤克俭，奉献爱心

一、生活极俭朴

李振华　我从小就养成勤俭节约的习惯，一辈子不会喝酒，不会抽烟，现在连茶叶都舍不得喝，每天早饭就是煮萝卜条，放点挂面在里面，中午一般是南瓜或地瓜、萝卜、野菜豆沫，再吃个窝窝头，晚饭更是简单。我这一辈子没穿过皮鞋，65 年前 30 元买的手表，现在还用着，买的一辆自行车骑了 46 年。我现在穿的这件衬衣是在小摊上花 8 块钱买的，穿得都泛白，领口也破损了。老布鞋的胶底折断了就让文强找修鞋的打上车带再穿，我舍不得扔掉。其实我有孩子们给我买来的新衣服，但穿上不习惯，感觉好像走路也变样子了。

俭朴的生活

李振华戴了 65 年的手表

李振华骑了 46 年的自行车

　　沂源这里的野菜很多，我会抽时间挖很多的野菜储存起来——春天去挖苦菜，清明时挖荠菜，秋天挖蒲公英，择洗干净后烫出来放冰箱里，吃的时候拿出一些。这些野菜也属于中草药，苦菜有清热解毒、辅助降血压的作用，荠菜有清热解毒、利水消肿、促消化、降血压的作用，蒲公英更好，有清热解毒、消痈散结、消炎利水、祛湿等作用，吃些野菜既有利于身体又能省钱。

　　虽然我生活清贫，但是我觉得我的内心很富有。我看到一个个孩子用知识改变了命运，摆脱了贫困，为党为社会做出贡献，我感到特别幸福。

陶继新　勤俭节约通常是为了多留一些积蓄，可是，这些积蓄你没有自己用，连自己的孩子也没有给，而是奉献给了特别需要资助的其他孩子。这是大德、大善，也是大美！

我自幼生活在贫困的农村，衣不蔽体，食不果腹，所以，我的节俭习惯更多是迫于无奈形成的。我也像你一样，平时在家里吃饭比较节约而单调——每天早晨喝一碗多鸡蛋白菜汤，吃一个白面馒头，而且，我会在喝完汤之后，用白面馒头把碗内残留的余汤擦拭干净，以防浪费；中午喝一碗多地瓜、豆子、大米、小米等熬成的粥，吃一样素菜；晚上吃的是白面汤煮白菜。我几乎天天如此、月月如此、年年如此，感觉非常好。出差在外的时候，我也会和同座的人一起吃肉、鱼等。我不喝酒，但喝茶，总算起来，这也是一笔不小的开支。20多年前买的一套内衣，破了补，补了破，破了再补，现在还没扔掉。夏天不用空调、电扇，穿的是不到30元一件的白色背心。我不如你的地方在哪里呢？如果外出采访与讲课，我就会讲究一些，穿上体面一些的衣服，以免被别人笑话。以后，还要向你好好学习。

其实，吃得好与不好不是关键，关键是内心的丰富。

李振华　确实如此，吃饭是为了不饿着，穿衣是为了不要冻着。按我的想法，世上的任何事情都是有两面性的。如果天天花天酒地、大鱼大肉，对身体也是伤害，吃得清淡一点儿对自己还有好处。每年查体，我的血脂、胆固醇都很正常，就是血糖高一点儿，因为我母亲血糖高，这是遗传的，与我的同龄人比，我的身体各方面较好一点儿。为什么？吃得清淡。除吃得清淡些外，我觉得与我平时加强锻炼也有关系。我坚持早晚散步，每天保持8000步左右，还根据自己身体各部位情况自编了一套操，早晚坚持做。

陶继新　是的，勤俭节约非但不影响身体健康，反而有利于身体健康。还有，以勤俭节约为美的时候，也多了一份淡泊宁静的心境。《黄帝内经》上说："恬淡虚无，真气从之，精神内守，病安从来？"所以，你天天神清气定，身体当然也就健康了。你现在年近九旬，依然精神矍铄、思维敏捷，这当与你一以贯之的勤俭节约有着内在的联系。

二、资助贫困生

1. "克扣"自己的工资

李振华 我下定决心留下来做我应该做的工作，用知识改变山里孩子的命运。要让他们摆脱贫困，首先要解决现实问题。有的学生没有钱买书本，不能只听老师讲啊；有的没钱买鞋袜，也不能光着脚上学啊！只有去资助，他们才能上学，所以我从工作第一个月起就开始资助贫困学生。刚开始工作时，我一个月工资21块钱。我怎么分配呢？ 10块钱寄给我的父母，因为我不在他们身边，为了尽我的孝心就多寄点；6块钱留作我的生活费；5块钱资助贫困学生，这5块钱约占我工资的四分之一。

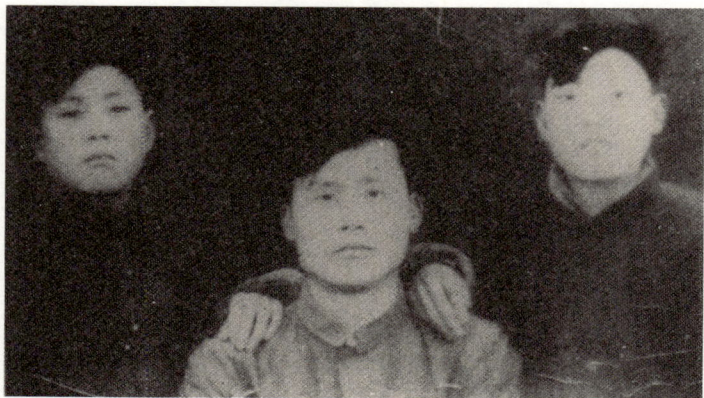

李振华（中）和他资助的学生

陶继新　你没有忘记对自己有养育之恩的父母，当时每月寄去 10 元钱，此后也一直为他们汇钱。如此孝敬老人，同样让人敬仰。孔子的高足有子如是说："君子务本，本立而道生。孝弟也者，其为仁之本与！"是啊，孝敬父母是立身之本，本立而道生。一个连父母都不爱的人，不可能爱学生等其他人，正是因为有了孝敬之本，才有了精神上的万千气象。

在 20 世纪 50 年代，能够每月将工资四分之一资助贫困学生的教师，是极少见的。那时候生活特别困难。1964 年我上高中的时候，因家中过于贫穷，我就靠国家每月发放的 3 元助学金勉强维持生活。可见，在那个时代，为资助贫困学生每月拿出的 5 元钱，已经是一个不小的数字了。

李振华　我不仅给贫困学生交学费买书，帮学生买本子和笔等学习用品，还给他们买衣服鞋袜等，是真心实意地关爱他们，让他们感到学校就是一个温暖的大家庭。我还买来理发工具学着为孩子们理发。家乡寄来的大米，我颗粒不留地分给贫困学生；山洪暴发，我冒着齐腰深的河水接送学生上学；学生病了，我从山上背到村卫生室；有的学生动手术没有钱输血，我就为他献血……

101

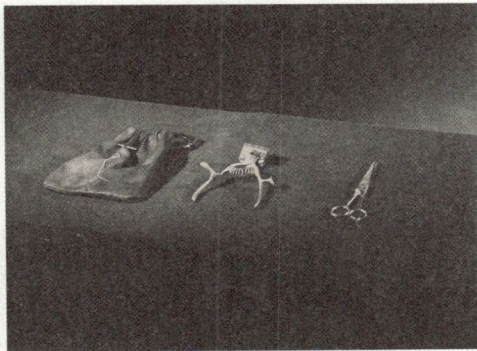

学生没钱理发，李振华自费买来理发工具与孩子们相互理发

陶继新　学校设施简陋至极，老百姓生活穷苦不

堪，孩子所受之苦就可想而知了。对此，你看在眼里，疼在心里，
于是有了给贫困学生买书买文具等爱心之举。这样做，没有谁安排，
更无强迫，而是你发自内心的自觉行动。可以想象，这些孩子收到你
赠送的书籍、文具时，该是何等感动啊！

李振华　是这样的。随着工资增长，永远保持四分之一，假
如说我的工资 4000 元，我就捐出 1000 元，就这样，一直坚持到
1997 年退休。退休后我考虑，当老师能退休，但是共产党员永远没
有退休，我还要继续做关爱青少年健康成长的工作。

陶继新　毛主席说："一个人做点好事并不难，难的是一辈子
做好事……"你从当教师，到退休，再到现在，一以贯之，非但从
未间断，而且后来的捐助更多，你就是一辈子做好事啊！

李振华为他工作的第一站韩旺小学捐款

2. 退休打工捡废品

李振华　为了资助更多的贫困生，2001 年至 2008 年我外出打工，所得的近 50 万薪水也全部捐出，资助了基金会以外的 23 名贫困生，还帮扶了不少孤寡老人。其中，5 个大学生，每人每年 5000 元；5 个高中生，每人每年 3000 元；13 个初中生，每人每年 1000 元。

受资助贫困生任纪兰收到大学录取通知书的当天，李振华为她送去学费。现在她已是一名优秀的人民教师，荣获中国青年五四奖章、山东省道德模范等荣誉

李振华到学校给受资助学生送学费、生活费

陶继新　近 50 万，是你 8 年打工，辛苦劳作，一点一点积攒起来的。更何况，你已经退休，身体也需要营养，家庭也需要补给！你却一分不留地捐助出去了！你觉得这是天经地义的事，不然，你心不安啊！

李振华　打工期间，有时为了给急需用钱的孩子筹措资金，我与文强在学校的垃圾池中捡拾废品，8 年共卖得 16 000 元。

我打工的学校是一所集团学校，学校面积很大，为了不使别人看见而产生误解，我们都是利用早晚的时间到学校的 7 个垃圾池捡拾废品。起初，文强不同意我去，要自己去，就劝我："您年纪大了，还是初中部的校长，让老师或学生看见会笑话的。""不怕，就是让他们看见了也不要紧，我们又不是去偷东西。我们捡的废品虽然是脏的，但我们挣的钱是干净的，它能帮助学生解决实际困难。"

就这样，我们两个人捡了整整 8 年。

记得有一年冬天下了一场雪，路上很滑，我们依然去捡拾废品。回来的时候，我双手提着捡来的废品在一段下坡的路上滑倒了，结果把脚给扭伤了，文强流着泪把我背回宿舍，又回去把捡的废品拖回来。

"老师，以后还是我自己去捡吧，您就不要再去了。"

"还是两个人捡得多，要是你自己去我也不放心啊！"

陶继新　你是校长，师生们如果知道你在捡垃圾，有的会感到不可思议，甚至有的还会认为你已经有了不菲的收入，还想挣更多的钱，这会大大折损你的形象。况且，你年事已高，教育教学工作已经让你忙得不可开交，再加上每天起早贪黑捡拾废品，定会心力交瘁。那次看似偶然的摔倒扭伤，其实也有一定的必然。为了救助更多的学生，如此鞠躬尽瘁，真的是"几希矣"。

除了资助学生之外，你还有另外一个收获，那就是在你的引领下，你的学生文强也走上了资助学生之路。他就像你的儿子一样，爱着你、学着你，向社会奉献着爱心。

前一段时间来拜望你和这次来采访你时见到文强，感到他有"文质彬彬，然后君子"之风，相由心生在他那里彰显得淋漓尽致。从这个意义上说，你也会为后继有人而感到欣慰。

李振华　文强这个年轻人非常忠厚，特别善良。他父亲得肺癌去世，母亲患有心脏病，家庭很困难，从小学到中专都是我在资助他，所以他对我很有感情。他在上小学的时候背着一个残疾同学上下学整整 5 年，就是同学上厕所也是他背着去。那时候他个子矮，背着很吃力，但他一直坚持着。后来他被评为山东省"好少年"，全省仅评了 10 个，他就是其中之一。2022 年，他被评为"淄博最美青年"。他思想品德特别好，尊老爱幼、孝敬父母，是非常优秀的青年。现在在这里给我当助手，天天忙忙碌碌，很多材料都是他写的，有的在报刊上发表后获了奖。他很懂得感恩，尽力地关心照顾我，还给两个孩子起名张恩华、张恩铭，他的意思是要永远记住李振华爷爷的恩情。他的孩子张恩铭也以爸爸为榜样，积极参加社会公益活动。看到他们这么优秀，也在为社会做贡献，我很高兴。

陶继新　文强忠厚善良，与他从小受到你的精神熏陶有着重要的关系。他在做好人好事的时候，也一定像你一样，感到奉献就是

105

幸福。文强的这种品质，内化于心，外化于行，也会在无形中影响到他的孩子和更多的人，让社会多一些真善美。

李振华 已经退休了，不能再到讲台上讲课了，我要用另一种形式来弥补。要怎么去做呢？我就把我一辈子的积蓄 15 000 元和 5000 元国务院政府特殊津贴（1997 年这个津贴是一次性的）全捐出来，分别捐给我曾经工作过的 3 所学校。

到了 2008 年，我已经打工了 8 年，也 70 多岁了。我怕耽误人家工作，就回沂源了。回来以后原先资助的 23 个贫困学生（毕业一个增补一个，永远保持 23 人）还得继续资助，于是，我就只能用我的退休金了。每当退休金发下来我只留 500 元作生活费，其余全部捐出去。

到现在为止，我个人累计捐出了 171 万元，资助 2400 多名贫困孩子。他们用知识改变了命运，走出了大山，摆脱了贫困。看到成百上千的孩子都走向社会了，而且他们也都能积极地感恩、回报社会，我感到很欣慰，心里总是乐滋滋的，我真正体会到了"帮助别人快乐自己、幸福自己"的真谛。

陶继新 171 万元，是一个多么大的数字啊！这些钱，是你克勤克俭节约下来的啊！这 2400 多名贫困学生，因你的资助圆了上学梦，有的还上了大学，有了很好的发展，更重要的是，他们也对社会做出了应有的贡献。

三、关爱老年人

1. 看望孤寡老人

李振华　为了报答沂源的父老乡亲，我先后帮扶了生活困难的 58 名孤寡老人。夏天，给老人们买蚊帐和凉爽单衣；冬天，给他们买棉衣棉被；逢年过节给老人们买上各种食品；有生活不能自理的老人，我给他们喂饭喂水，打扫卫生……每次去看望他们，这些老人都紧紧地握着我的手，舍不得我走。在感染新冠住院时，我还让文强替我给他们送去过年的礼物。

2015 年中秋节，去看望张家坡镇西王庄村百岁大娘孟庆荣时，我特意买了软和的月饼、白糖和大叶茶。

107

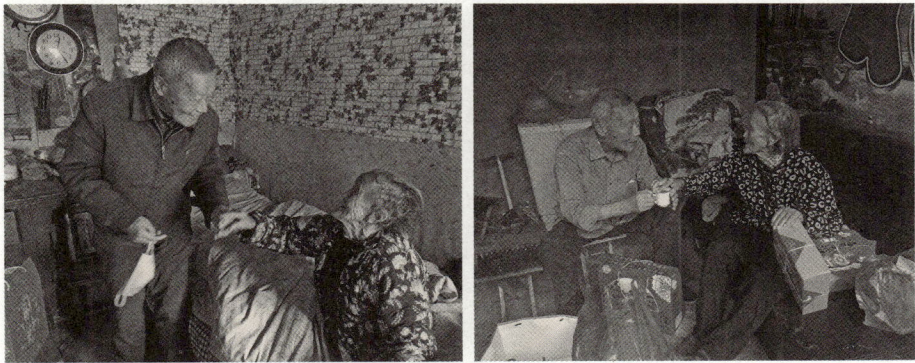

李振华看望孤寡老人

她看到我来了，努力地想从床上下来迎接我，可她尽了全力也没能下来。

大娘颤抖着用力握着我的手说："你怎么又来了？"

"今天是八月十五，我来看看你。"

李振华看望孤寡老人

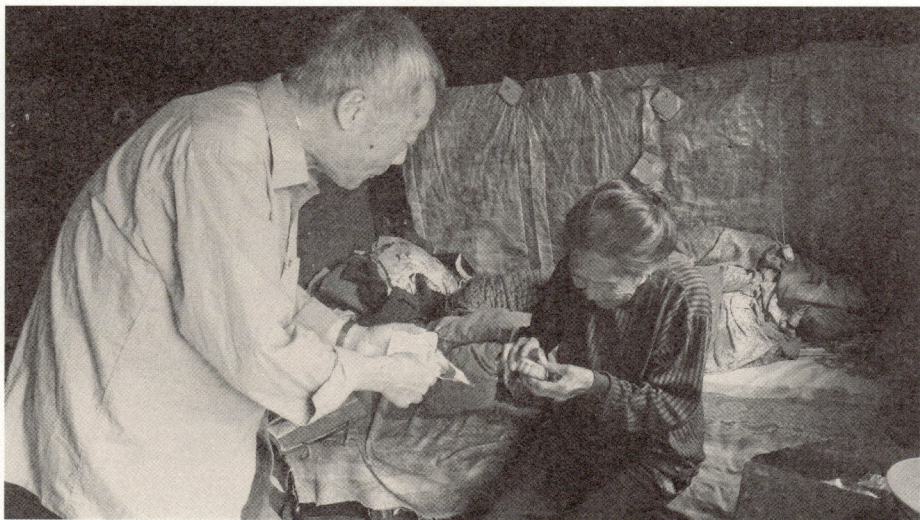

中秋节，李振华看望百岁孤寡老人孟庆荣，并为老人剥月饼吃

"以后再来，别再花这么多钱了。"

我一边跟她说话一边剥开一个月饼，掰成一小块一小块，送到她嘴里。

大娘眼睛里含着泪，却笑容满面地说："这月饼又软和又甜，真好吃！"

说着她就拿起月饼往我嘴里送："你也吃一块！"

陶继新　这些孤寡老人不仅生活困难，精神上更是孤独，你为他们送去生活用品的时候，不仅解决了他们的衣食之忧，也丰盈了他们的精神世界。他们感到，自己不是被遗弃之人，还有爱心人士的关爱，尤其是你这个享有盛誉之人的光顾，更让他们感到了世间的爱与美。

2. 倡导老人献爱心

李振华　我担任沂源县关工委副主任时，积极参与"五老"志愿者服务工作，与9名老同志一起向全市万名老干部、老战士、老专家、老教师、老模范发起了"走出家门、奉献社会，积极参与关心下一代工作"的倡议，得到广大老同志的积极响应。我和这些志愿者团队经常深入网吧，了解有没有未成年人进入网吧；为孩子讲"党史""国史"，讲红色故事，组织他们唱红歌，从小培养他们听党话、跟党走、感党恩；进行家风家训教育；组织他们学习优秀传统文化，创办"道德讲堂""孝德讲堂"，开展多种形式的教育活动；到学校食堂了解食品安全情况；定期检查校车，护送学生过马路等。我们的志愿活动受到社会的好评。我被评为"全国离退休干部先进个人""全国关心下一代'最美五老'"。

陶继新　老年人走出家门奉献爱心不只是一种美德，也是一种对自身价值的彰显。我们老年人不是老而无用，而是老有所为。老同志这样做的时候，就会心情愉悦，有利于身心健康。从这个意义上说，你的倡导，既是让老年人力所能及地做一些公益事业，也是对他们的一种关爱。

四、成立基金会

李振华　1997 年退休后，为了继续关爱青少年健康成长，我把一辈子节余下的 15 000 元和国务院政府特殊津贴分别捐给我工作过的 3 所学校。我的捐款起到了抛砖引玉的作用，领导和群众积极捐款，准备成立 3 个基金会。

陶继新　一般来说，退休之后就颐养天年了，况且，你在工作期间一直连续资助贫困生，不仅奉献了一个老师的爱心，也彰显出一种教育精神。你在退休后又将一辈子的积蓄和国务

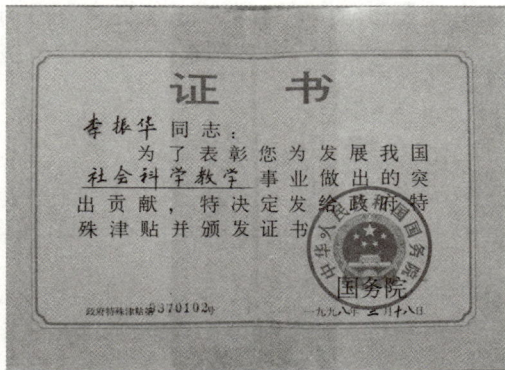

国务院政府特殊津贴证书

院政府特殊津贴，分别捐给工作过的 3 所学校，真是精神可嘉啊！而这次资助，则是建立基金会的一个序幕。

李振华　基金会命名为"振华奖学扶困基金会"，目的就是奖励优秀老师和学生，资助贫困孩子继续读书。

111

韩旺镇"振华奖学扶困基金会"成立　　　张家坡镇"振华奖学扶困基金会"成立

陶继新　由此开启的基金会，开启了爱心资助活动的新篇章。你不仅自己继续播洒爱心，也引领与影响更多的爱心人士为教育奉献爱心。

李振华　为了使基金会运转得更好，我走遍了全县560多个自然村，进行走访调查，全面了解学生们的情况。

112

陶继新　到乡村走访调查，是很辛苦的，可为了让真正贫困的孩子受到资助，你不辞辛苦深入走访。这种负责任的态度与行为，让人感动。由此构建起来的基金会，也会在社会上拥有更大的信赖度和美誉度。

李振华　我认为，一个人的力量是有限的，社会力量巨大，俗话说"众人拾柴火焰高"。为资助更多贫困学生，我就联系社会公益组织和爱心人士开展一系列公益活动。比如：联系270多位企业家参与大型公益活动"共同托起明天的太阳"，现场捐款100万元，每位企业家结对帮扶一名贫困生直至其完成学业；联系公益组织在沂源筹建"希望小学"；等等。

陶继新 "众人拾柴火焰高"，还需要一个点火人，不然，再多的柴也还是柴，而你，就是一个点火人。在人民的心目中，你享有崇高的威望，因为你持续捐助贫困生的高尚品格，已经铭刻在老百姓的心里。所以，你只要一点"火"，"众人"就积极"拾柴"，于是，基金会就有了"火焰高"之势。

你又面向全国联系愿意并有能力为基金会投资的人。于是，这把"火"从淄博"烧"向了全国，也就有了更多的投资者，也就有了基金会红红火火的可喜景象。

李振华 基金会建立后27年的时间，共资助贫困生12 000余人次，奖励优秀教师和学生4800多人。

陶继新 12 000多人次，这是一个不小的数字。这些受到资助的人，不仅有了更好的前途，也会在爱心的感召下生成爱心，做出

李振华向基金会捐款

对社会有益的事。

李振华 基金会建立后，社会各界人士积极响应，捐款者达1.8万人次，累计募集爱心资金530多万元，对全县教育事业的发展发挥了一定的推动作用，深受家长、学生的欢迎，领导也给予高度评价。基金会入选全省"十大公益品牌"。

陶继新 基金会的发展壮大，对于受到奖励与资助的师生来说，不只是解决了缺钱的问题，更是对大家的激励与鞭策。受到奖励的师生，会更加努力，取得更大的成绩；受到资助的贫困学生，则会在感恩中积极进取，在改变自己命运的同时，也会为社会做出贡献并奉献爱心。

李振华 与我相识的淄博市知名公益人物郝守珍女士一生勤奋，积极参加公益活动，在临终前立下遗嘱，把她一生的积蓄400万元无偿捐献给淄博教育事业。

郝女士的儿女们也都是充满爱心的公益人物，尤其是她的儿子曲东升，传承着"读书向善"的优良家风。为实现母亲的遗愿，经商议，他决定建立"淄博市郝守珍教育基金会"。为完成母亲的夙愿，同时也献出自己的一份爱心，他决定在母亲捐献的400万元的基础上再增加4600万元，凑齐5000万元，并且在今后的10年，每年再向基金会注入资金1000万元，那么10年后，基金将达到1亿5000万元。我担任基金会的名誉理事长。这是淄博市迄今为止收到的最大一笔教育捐赠。

陶继新　1亿5000万元能奖励多少师生，又能资助多少贫困生啊！善是可以传递的。这对母子，本心善良，受到你捐资助学善举的影响，才有了后来如此一大笔的捐助，有了如此的善举。

李振华　基金会现在主要以奖励为主，奖励全市的优秀教师、学生，并对贫困学生进行生活费补助。截至目前已经发放了两次，每次发放1000万元。基金会的建立对淄博市的教育发展起到了良好的推动作用，受到了社会各界的好评。

陶继新　这个企业家捐助如此之多，在一般人看来，企业收入肯定会大打折扣。就当时而言，也许确实如此；可从长远来看，却未必如此。因为我从中外知名的大企业家的成功案例中发现一个真理——大商在德，小商在技，即有大德的企业家，才能把企业做大做强，否则，虽然一时或可以赚取一些利润，但很难登上大企业家的殿堂。世间就有这样一条无形的法则，只不过很多人太过急功近利，用不到而已。

115

李振华　新东升置业集团有限公司创始人曲东升，1985年高考，以博山区理科第一名的优异成绩考取名牌大学，攻读建筑学。创业后以远见卓识管理企业，使企业发展成为本地知名地产企业，并担起社会重任，积极参与公益活动，数次进行公益捐赠，为乡村振兴建设做出很大贡献。这几年的房地产市场低迷，但是他的公司效益依然很好。

陶继新　大德者必有大信，而诚信则又为其德增值。《中庸》

基金会名誉理事长李振华从曲东升董事长手中接过总额 5000 万元的支票

说得好："诚者，天之道也；诚之者，人之道也。"而且还说"不诚无物""至诚如神"。中国儒家先师的这些经典之语，穿越时空，到了两千多年后的今天，依然有"金口玉言"之妙。尽管现在房地产行业总体疲软，可他却做得风生水起。其实，在行业发展不好的时候，如果既有智慧又有诚信，企业照样能有很好的发展。

116

李振华　他很善良，看到我生活清贫，外出都是用文强的车，就想找个理由给我一点儿补助。

"李老师，您担任基金会的名誉理事长，我给您发一部分年薪。"

"我不能要。"

最后他还是一再坚持，两年给了我 27 万，这 27 万都让我转给了"振华奖学扶困基金会"。我从内心感谢他对我的关心，他高尚的品德值得我学习。

陶继新　我觉得这个人不仅有德，还很有智慧。他从收益中取出一大笔资金捐助基金会，还给了你一笔比较可观的年薪。他知道你会把这些钱用到更有意义的地方。

你影响他，他又反馈于你，善的流转，让社会变得如此美好。这种善与美，还不只在你们两个人之间流转，还会带动更多的人，让社会上更多的人去做更多有益的事，从而让社会变得更加美好。

李振华　三所学校用我转给基金会的资金专门设立了"振华先锋功勋奖"和"振华先锋少年奖"，奖励特别优秀的教师和学生。奖项的设立激发了教师教书育人和学生刻苦学习的积极性。沂源县实验中学以前各方面工作居全县中等水平，而在今年的评选中进入前三名，其他两所学校也有了很大的进步。

陶继新　你任校长期间实验中学的学生成绩持续提高，除了教学上的改革之外，与你的大爱精神也有着重要的关系。当师生受到奖励的时候，他们不仅因为有了这笔奖金而高兴，更为自己的进步与发展得到认可而愉悦。这些，恰恰是高效教学与学习的内在动力。于是，不是你这个校长盯着老师教和学生学，而是他们有了一种内生动力："我要好好教，我要好好学。只有这样，才对得起我们这位有大爱之心的校长，对得起自己受到的奖励。"长年累月，师生头脑里会形成一种积极进取的思维模式，这种思维会随着时光的流转生成更大的能量。

李振华　淄博市郝守珍教育基金会的创建推动了全市教育事业的发展，市领导很满意，群众也很赞赏。2024 年第 40 个教师节表

李振华为"振华先锋功勋奖"获得者颁发奖金

彰大会上，该基金会获得了全市唯一的"捐资助学特别贡献奖"。

陶继新 不仅领导满意，学校的师生及当地的老百姓也满意。人们常说的"办老百姓满意的教育"，不就变成现实了吗？而这又与你的大爱之心与基金会的良性运转有着内在的关联。

五、精神上『扶贫』

1. 为孤儿捐建"希望小屋"

李振华　我还先后帮扶了 23 名孤儿，在经济上资助他们，在生活上关爱他们，在思想上及时安抚疏导，定期为他们送去生活和学习必需品，春节还给他们发红包。2020 年，我发起成立了"振华公益使者——希望小屋"志愿服务队，并带头捐建两所"希望小屋"。孩子们每次见到我都高兴地与我拥抱，临走时，双手搀扶着我送出很远。孩子们不停地喊："祝李爷爷寿比南山！"

陶继新　这些孤儿如果没有你和一些爱心人士的捐

"振华公益使者——希望小屋"志愿服务队成立

李振华捐建的"希望小屋"落成揭牌

助，不仅生活上困苦，精神上也相对"贫穷"。"希望小屋"的捐建，让这些本来看不到希望的孩子看到了希望。所以，如果说你的经济资助让这些孤儿有了生活保障的话，那么，你的精神"扶贫"则让他们拥有了一个愉悦的心灵乃至美好的未来。

2. 为孩子开设道德讲堂

李振华 为加强青少年思想品德教育，我们设立了"孝德讲堂""道德讲堂"。"孝德讲堂"自设立以来已经举办培训班 58 期，培训 2400 多名孩子。我们购买了中华优秀传统文化读物《弟子规》《千字文》等近 5000 本，凡参加培训的学员人手一本。培训班各项制度健全，由"五老"教师根据青少年的特点授课，授课形式多样，课讲得生动、形象、活泼。有时讲各种具有教育意义的故事，如介绍全国"最美少年"的感人事迹；有时组织听唱红色

120

在"孝德讲堂"对孩子们进行优秀传统文化   在"道德讲堂"作报告
教育

歌曲，进行爱国主义教育；有时组织观看富有教育意义的精彩视频。孩子们听讲及参与活动都很认真专心。

更重要的是，参加培训的孩子都发生了很大的变化。有的家长很高兴地说，在参加培训班以前，孩子在家张嘴吃饭、伸手穿衣，书包也让家长给背，稍微慢一点儿，马上就会不高兴，经过培训后，自己的事情都自己做了，还有的不但做好自己的事情，还帮助家长做一些家务，特别是有的孩子还给爸爸妈妈洗脚了。家长们看到孩子发生了意想不到的变化，高兴地说："小小的培训班，可是起了大作用。"

陶继新　荀子说："蓬生麻中，不扶而直；白沙在涅，与之俱黑。"小孩子的可塑性很强，开设"道德讲堂"对他们进行教育，能起到事半功倍的作用。你结合自身的成长经历为他们讲解做人的道理，他们不仅可以听到心里，还会外化到行动中。孩子们收获成长，家长们开心满意，这是一件多么有意义的事啊！

给孩子们赠发和讲解《弟子规》和《千字文》很有意义。以《弟子规》为例，它源于孔子之言："弟子规，圣人训。首孝弟，次谨信。泛爱众，而亲仁。有余力，则学文。"你教育孩子，不但要孝敬父母、尊敬兄长，还要诚实可信，广泛地去爱众人，亲近那些有仁德的人。"有余力，则学文"，不是把学习放到第一位，而是把做人放到第一位。人做好了，学习再好，才是真正的好孩子。《弟子规》中有不少关于习惯养成的内容，这对孩子一生的成长至关重要。教育家叶圣陶说："教育是什么？往简单方面说，只有一句话，就是养成良好的习惯。"好的习惯养成了，一生才能持续不断地向好的方向发展，才能对社会做出更大的贡献。

李振华 我对教育非常有感情，数次提升、转行、进城的机会我都谢绝了。我特别喜欢农村教育，我与农村孩子的感情非常深厚。70多年，我从未离开过学校。退休已27年，但我觉得更忙碌了，再忙我依然保持着读书看报的习惯。教育报刊我是必看的，从中可以了解教育的新信息与发展趋势。我必须坚持学习，不断充实提升，紧跟时代步伐。我一直住在学校里，和孩子们在一起，我特别开心，好像自己也年轻了一样。我虽已近鲐背之年，但我对教育的热爱丝毫不减。教育，是我一生的追求，是我生命中最璀璨的光芒，它让我感受到了无尽的快乐和满足，也让我的人生变得充实而有意义。

我经常在课间去教室里转转，有时给学生讲讲红色故事，利用节假日举办"道德讲堂""孝德讲堂"，"开学第一课"我必到，也会参加学校举行的各种活动。各级电视台多次报道过我参与活动的情况，特别是在中华人民共和国成立75周年之际，很多媒体采访我，让我谈沂源教育70多年的变化情况。70多年前，沂源的学校是黑屋子、泥台子，里面坐着泥孩子；再看看现在，学校都是楼房、塑胶跑道，信息化、现代化的教学手段，还有体育馆、游泳馆。一个天一个地，没法比。教师地位空前提高，成为全社会

开学第一课

最受人尊敬的职业之一。党和政府把教育摆在了重要的战略位置。看到教育的巨大变化，我从内心里感到高兴。

陶继新 20世纪80年代，我到你们这里采访的时候，不少学校的硬件建设还非常差。改革开放以来，无论是硬件建设还是软件建设，都发生了天翻地覆的变化。当时像你这样的大学生在沂源寥寥无几，现在一个农村小学就有好多个大学生，教育教学质量随之大大提升了。对于现在的这种情况，不少孩子认为本该如此。你经历过那个时代又是他们崇拜的偶像，你的忆苦思甜会让他们知道如此优质的学习条件来之不易；所以，他们一定会好好珍惜、努力学习，长大成人之后为社会多做一些贡献。

李振华 70多年来，我在全国各地作理想、信念和师德教育讲座3400余场，场场爆满，听众达到百万人次。我介绍了自己响应党的号召扎根老区教育及资助贫困学生的事迹，很多听众感动得流下了眼泪。每场讲座都给听众传递了自信自强、积极向上、忠厚善

123

作"理想 信念 追求"主题报告　　在中国德育与班主任大会上作报告

良的精神力量，宣讲效果较好。我从内心里感到欣慰，觉得自己还能发挥余热，继续为社会贡献出自己的力量，也增强了我宣讲的信心。只要有邀请，我从不拒绝，2019年，我右臂骨折，在打上石膏后坚持外出宣讲。县领导劝我先休息，我就对他们解释：宣讲用嘴，也用不到手。由于外出比较多，没有及时到医院拆除石膏，导致关节粘连，经过长时间的锻炼才得以恢复。

陶继新　这3400场讲座，你从沂源走向山东全省走向全国，听者受益之多，可想而知。如果说他们当时听得投入、认真，然后践之于行的话，那就更有价值了。

李振华　几十年来，全国开展的重大思想教育活动，我都积极地参与。2021年中国共产党成立100周年之际，省委安排我在省委礼堂为省领导及省直部门主要负责人讲《到党和人民最需要的地方去》的党课。我讲完后，省委书记刘家义走上讲台握住我的手连声说："感人！感人！"2013年7月24日，受中国德育与班主任大会组委会邀请，我作了专题报告，得到听众的高度赞扬。

陶继新　刘家义书记等省里领导听你的讲座，而且给予这么高的评价，这是值得骄傲的一件事，同时，也是情理之中的事情，因为你之所讲，对于如何更好地做人和为社会多做贡献，有春风化雨之妙。你没有空洞的说教，而是情、事、理并重，娓娓道来，让听者有如沐春风之感。而在这个过程中，教育的效果也如影随形地产生了。这里有你的高境界，也有你的妙智慧，还有你的亲身实践，三者合而为一，自然也就产生了常人难以达到的效果。

在省委礼堂讲党课

一般来说，人到老年，又成就斐然，理应安享晚年，可是，那不是你的"归宿"，因为你认为，不管年龄多大，每一天都应当过得有意义。苏格拉底说得好："人活着不是目的，好好活着才是。"而这里的"好好活着"，不是像有人说的那样吃得好、穿得好、玩得好，而是活得有价值。

3. 疏解青少年心理问题

李振华 我是 1997 年 7 月 21 日退休的，我一辈子做老师，一辈子都在与孩子们打交道，我感到无比幸福。退休了，我应该继续做好关爱青少年的工作，关心关注他们的健康成长，采用各种形式对他们进行思想品德教育，培养他们热爱党、热爱祖国、热爱人民的情感，引导他们成长为共产主义事业接班人。

进校园对孩子进行心理疏导

陶继新 你退休之前是一位闻名遐迩的校长，又是一位人人仰慕的道德模范。你把这些都看得非常淡，你看重的只是如何对教育多尽一些心力，多做一些贡献。你"盯"上了一般

山东工艺美术学院聘书

人未必愿意干的义务安全管理员；因为在你看来，只要关乎学生安全和健康成长的事，都是大事。

李振华 退休后，我义务兼职31个，如校外辅导员、学校顾

问、名誉校长、高校政治辅导员等，还担任了沂源县政府督学、沂源县关工委副主任。我深入乡镇、社区和学校，利用多种途径和机会，呼吁全社会都参与到关心下一代的事业中。我利用省人大代表的身份提建议、议案，参与组织有关青少年健康成长的报告会、研讨会，创办"青少年心理咨询室""孤儿爱心心理辅导站"。我还设立了"振华青少年思想疏导热线"（0533-3256179），通过各种形式开展工作。设立这条热线的目的主要是与问题青少年进行沟通交流，帮他们疏解心结，引导他们树立正确的人生观，激励他们树立远大理想。27年来，在我的耐心开导和关爱下，260多名孩子有了可喜的进步，重新拾回自信，确立了奋斗目标，有的考上了大学，有的入了党……

陶继新　近些年，青少年心理问题呈现出持续上升的趋势。你主动而又义务地开设"振华青少年思想疏导热线"，让那些出现心理问题的孩子及其家长欣喜不已；因为你不单单是义务且及时地回答他们的问题，而且多能较好地解决青少年的思想问题。如果说你对贫困学生的资助与建立基金会解决了不少孩子的生活与学习问题的话，这个热线的开通，则解决了让家长十分棘手的孩子的心理问题，打开了这些青少年的心结，让他们心里的阳光重新灿烂起来。

李振华　天津有个企业家的小孩，考上高中又不上了，整天泡在网吧里，有时一天花掉数千元，父母急得像热锅上的蚂蚁。他们听说我的热线以后，驾车从天津来沂源找我，想让我做做孩子的思想工作。下车后，孩子看到要往学校里走，就跑到学校对面的马路边，怎样劝说也不进来。他父亲找到了我，在了解到孩子的大致情况后，我在家长的引导下找到孩子，并对家长说："你们在学校等着，我和孩子到山上玩玩。"孩子听到去山上，就没有那么紧张了，很愿意跟我去爬山。我们在山上边走边谈，上学的事一字不提，只是说这里的风景怎样好，有花有鸟还有蝉……他就向我介绍天津的高楼大厦怎样地高，怎样地豪华，我只是点头，不予评论。在爬山的过程中，我关心地扶着他，又拍拍他的肩膀，拉着他的手爬陡坡，还摘野果给他吃，到店里喝沂源的羊汤，他特别开心。我还约他，有时间让爸爸妈妈带他再来，到沂河里去捉鱼、捞虾米。我对他说："从今天起，我们就是朋友了，有时间就打电话联系，说说自己的心里话。"

他们回天津后，我就不断地与他电话联系，起初我还是不提学习的事情，只是偶尔地向他介绍我资助的贫困孩子怎样通过刻苦学习成才的故事。通过一段时间的交流，我与他成了真正的朋友，可以说到了无话不谈的地步。一次，他对我说，自己大手大脚地花钱是为了帮爸爸妈妈解决困难。

"为什么花钱是为爸爸妈妈解决困难？"

"一天晚上，我听见爸爸妈妈说放在柜子里的钱很多，怕时间长了会长毛，要拿出来晒晒。我觉得他们因为家里的钱多而发愁，所以帮他们把钱快点花掉，帮他们解愁。"

知道原因后，我向他讲勤俭节约的传统美德、养成好的习惯对人成长的意义，而且打电话提醒他爸妈今后在孩子面前要注意言行。

经过八年的交流沟通，功夫不负有心人，孩子得到彻底的改变，考上了天津大学并且入了党。

为了感谢我的教导之恩，他和他的父亲特地从天津带着鲜花赶到沂源。他一见面就跪在我面前，站起来后又向我深深地鞠躬，泪流满面地抱着我说："如果没有您的开导，就没有我的今天，谢谢您！"

陶继新 天津那个孩子的心理由阴转晴的案例，让人很是感动。如果没有你这个高级心理解锁人，也许他现在还处于煎熬之中，不仅不可能上大学和入党，还有可能成为一个心理疾病患者。他在你面前下跪磕头，这是一种表达感激的特殊方式。其实，他心里对你的感激，远比这种外在的磕头更深。我认为你不仅治好了他的心病，而且给他上了一堂道德课。你不仅是义务服务，而且用自己的人生阅历感召了他，从而让他的内心升腾起一种向上向善的愿望。现在他能有如此大的变化，是因为你在他的心里种下了一颗种子。未来这颗种子还会生根、开花，结出更加丰硕的果实。

第

陆

章

沂蒙乡亲，情深意长

一、乡亲深爱，温暖人心

李振华　沂源的乡亲们都说我是他们的恩人，其实，他们对我的深爱之情，也一直温暖着我的心。我初到韩旺小学时，吃住都感到特别困难，甚至无法适应，是乡亲们无微不至地关爱着我，给了我温暖，深深地感动了我，才使我下定决心坚守在这里。

回想 1953 年正月十六初到韩旺时我穿得比较单薄，大娘们怕我挨冻，一家一家地凑棉花，一块一块地凑自己织的老粗布，晚上在昏暗的煤油灯下为我缝制棉袄棉裤、布袜子，用茅草和芦苇花做了暖脚用的"毛窝子"，还纳鞋底做了登山鞋。当大娘把棉袄等送来的时候，我感动得直掉眼泪。大娘捧着棉袄棉裤递到我手里的那一刻，我就好像是看到了自己的母亲来到我的面前。为了永记乡亲们的恩情，第一位大娘为我缝制的衣服、鞋袜，我一直珍藏着，现在就陈列在事迹展厅中。乡亲们无微不至的关爱深深地感动着我，他们的恩情我终生难忘。

陶继新　你的艰难，当地老百姓看在眼里，疼在心里。那个老大娘给你送来的棉袄，不只是能起到御寒的作用，还饱含着乡亲们对你的深切关爱。你远离父母，孑然一身在山村生活，该是何等艰难；可是，当棉衣送到你的手上时，所有受的苦都在顷刻之间化为乌有。我想，你也许会暗暗地向南方祈祷，向父母诉说："这里苦虽苦矣，可是，这里有很多新的父母，他们像你们一样关爱着我，所以，请你们放心啊！"

李振华 我到韩旺小学过的第一个清明节，乡亲们都争着拉我到他们家里吃水饺。我只能到这家吃一个水饺，到那家吃一个水饺，再到另一家吃一口菜，也记不清去了多少家。当我回到学校时，看见门前的石板上放着18碗水饺，乡亲们的热情让我非常感动。

陶继新 那个时代，清明节吃水饺，对于我们这些生长在乡村的孩子来说，简直是想都不敢想的事。清明节尽管是一个传统节日，可我小的时候根本是吃不上水饺的。即使春节，我也只能吃一碗，我母亲一个都不舍得吃。沂源这里甚至比我们村还穷，可那么多乡亲给你送来那么多水饺，真的太感人了！你也许知道，他们平时吃的，基本上是粗糙的糠菜。由此可见，乡亲们对你的关爱之情何其深也！再想一想，你把青春献给了沂源，把爱与知识送给了他们的孩子，他们对你如此厚爱，也就在情理之中了。

133

李振华 为了改善我的生活，乡亲们把老人、小孩都舍不得吃的鸡蛋送到山上学校给我吃。那时的鸡蛋是要拿到供销社去换盐、火柴、煤油等稀罕物的。冬天很冷，乡亲怕鸡蛋冻了，给我送时就搁在怀里。当我接过还带着乡亲们体温的鸡蛋时，我的心里热流涌动。当时的情景至今难忘，深深地印在我的脑海里。

陶继新 李老师，当时我还是一个几岁的孩子，可是，你知道吗？一年我吃三个鸡蛋都是不可能的。我敢断定，当地老百姓的孩子一年能吃三个鸡蛋的也是极少的。他们却如此慷慨大方地将鸡蛋送给你，看来，乡亲们待你比亲人还亲。因为你的存在，是他们的孩子走向更好未来的希望所在。

同时，他们知道你的来历，知道你的困境，知道你坚守之难，知道你心系他们的孩子，所以，他们像以前支援革命一样，支持你的工作，关爱你的生活。他们会从孩子那里了解到，你对孩子，不是父亲却胜似父亲，而且父亲为孩子做不到的事，你却做到了。他们能不感动吗？所以他们才有了如此的回报之举。你为之感动，也深深地爱上了这里的孩子、这里的百姓。

李振华 记得刚来沂源时，虽然想家想得流泪，但前三年我都没有回南京，因为要充分利用时间为孩子补课，再说，也没有余下的钱买火车票了。记得一个春节，家长们争相拉我到他们家过年，最后被一个家长拖着胳膊拉到了家里。那时，乡亲们也非常拮据，一年到头从来不见肉。为了招待我，那位家长偷偷地把家里唯一的下蛋老母鸡杀了，那个时候的老母鸡就是他家的"小银行"，指望着它下个鸡蛋拿到供销社换火柴、煤油、粗盐。在炒鸡的时候，家里的孩子闻到香味，都围在锅台边直咽口水。当炒好的鸡端上桌的时候，孩子们也都跟着进屋了。孩子妈妈把孩子们哄到院子里，然后急忙把房门关上了。她是怕孩子馋，又怕我舍不得，怕我吃得少。当房门被关上的时候，我的心里好难受，有点窒息的感觉。

2022 年山东春晚，山东卫视邀请我讲述扎根老区的故事。我以"难忘那道关着的门"为题讲述了这个故事，观众感动得热烈鼓掌。讲述完故事后主持人问我："你觉得过去的炒鸡味道好，还是现在的炒鸡味道好？"

受邀参加山东春晚，讲述扎根老区的育人故事

"现在的味道好，一是技术好，二是有佐料。虽然过去的味道不如现在的味道，但对我来说，过去的那个味道让我难以忘怀，老区人民淳朴的感情更让我终生难忘！"

陶继新 从南京到山东来的 40 多个热血青年，除你以外，都已陆续回到了南京，有了在一般人看来比较理想的工作与温馨的家。你没有走，一是老百姓舍不得你走，二是你也舍不得离开山村的孩子。这只老母鸡的故事，就是一个最好的诠释。当时我也在农村，我们全家几年也没舍得杀过一只老母鸡。这个家长却把家里唯一的老母鸡杀了，舍不得让自己的亲生儿女吃，而是让你吃。这个家长，也知道孩子多么想吃一口这种久违而又诱人的鸡肉啊！可是，为了你，她硬是把孩子关到了门外，这折射出来的又是多么深厚的感情啊！

这是一件小事，却令你终生难忘，同时也让你深切地意识到：留在山村教学，有着多么大的价值啊！

135

二、村民女儿，代为尽孝

李振华 父亲病逝后，母亲半身不遂。为了山区的孩子，我依然选择留在这里。乡亲们对我的选择十分感动，为了既能让我安心工作，又不委屈了我母亲，纷纷献计献策。一位姓顾的村民说："李老师为了我们不走了，他有困难了，我们应该为他做点儿事。我家的小女儿初中毕业以后，没有考上高中，她也不愿意继续上了。我愿意让我的孩子上南京替李老师照顾奶奶。"

当时我一听，觉得这个办法也可行。我就说："孩子去南京照顾我母亲，我很感谢你们，但必须给工资。"他却说："不能要李老师的钱。"我说："如果你们不要工资，就不让你们去了。"

最后，我还是给她工资了，虽然给的也不是很多。

就这样，在此后长达 10 年的岁月里，竟先后有 8 位沂蒙老乡的孩子，接力式地轮流到南京去照顾我的母亲。每一个孩子都把我母亲照顾得特别好，因为她们临走的时候，父母都再三嘱咐："李老师对咱们这样好，一定要照顾好你奶奶，要当作自己的亲奶奶一样照顾。"由于每个孩子都照顾得非常好，我母亲也非常满意。为什么我让孩子们不断地轮换呢？因为她们年龄都比较小，只有十五六岁，我知道想家的苦，她们和我一样千里迢迢离开家。一年多换一个，长达 10 年连续 8 个女孩去照顾我母亲，都照顾得特别好。

对此，《齐鲁晚报》曾刊发了一篇文章《乡亲接力替他尽孝》。

陶继新　这是一曲互相传递的爱的赞歌——你感动了学生与乡亲们，乡亲们也感动了你；你为乡亲们的孩子竭尽全力、无怨无悔地工作，他们也用另外一种方式来回报你。这样，你可以比较安心和更加努力地工作，母亲也因为有了乡亲子女的陪伴，而不再孤独与悲伤。

《齐鲁晚报》刊文介绍乡亲们替李振华尽孝的感人事迹

三、百姓捐款，雕像立碑

李振华 我来沂源先后在三个学校工作过，韩旺小学、张家坡中学和沂源县实验中学。学校驻地的群众对我的工作都比较满意。为了表达对我的感谢之情，2001年，韩旺镇的乡亲们自发捐款，在韩旺学校校园里为我立了一座汉白玉半身雕像；2009年，张家坡镇的乡亲们自发捐款在校园里竖立了振华基金纪念碑；沂源县委、县政府在实验中学建立了"李振华事迹展厅"；淄博市教育局将我工作的第一站韩旺小学改名为"淄博市振华学校"；2018年，

乡亲们自发捐款为李振华竖起半身雕像

县委、县政府在县城驻地建立了一所可容纳 6000 余名学生的九年一贯制学校，并命名为"沂源县振华实验学校"。我只是做了一个人民教师应该做的小事，可领导和乡亲们却如此厚待我。对此，我既万分感动，又诚惶诚恐。

陶继新 你太过谦虚了！你为沂蒙山区所做的贡献，老百姓心中非常有数，不然，也不会自动捐款为你雕像立碑。而从古到今，一个活着的老师，被塑像者能有几人？这洁白无瑕的汉白玉雕像，还有那振华基金纪念碑、"李振华事迹展厅"等，既凝聚了老区人民对你的拳拳深情，也在无声地诉说着你对沂蒙山区的大爱。

张家坡镇的乡亲们自发捐建振华基金纪念碑

第

柒

章

薪火相传，后继有人

李振华　我教过万名学生，有数千人选择了教师岗位，因为他们在求学时就立下了"长大后我要成为你"的志愿。这些学生中，有的成了知名科学家，有的成了先模人物、乡村振兴的带头人，有的成了将领、高级干部……

他们都在各自的工作岗位上积极努力地工作着，有的也加入资助贫困学生的行列，积极参与社会公益活动，为国家、为社会做贡献，以实际行动回报社会。我感到特别幸福。

陶继新　孔子弟子三千，贤者七十二，其教育精神至今闪耀着智慧的光芒。而你弟子过万，贤者不计其数，绝对是功莫大焉。这些学生走向社会之后，大都做出了应有的贡献。对此，你感到异常欣慰，他们也会感念师恩，向着更好的方向发展。

李振华　知名海洋科学家、中国海监东海总队总队长刘刻福，就是我的学生。他从事环保工作多年，带队28次赴南极科考，巡航钓鱼岛，多次临危受命出任一线指挥。他为抗击浒苔工作取得全面胜利、确保奥帆赛的成功举办做出了突出贡献，赢得中央领导及山东省、青

刘刻福带领南极科考队向全国人民拜年

岛市领导的高度赞扬。他曾多次为"振华奖学扶困基金"捐款。他用知识改变了命运，走出了大山，走向了南极。我为他感到自豪。

143

陶继新　刘刻福在海洋科学领域取得如此突出的成就，与他的积极探索精神有着内在的联系，也与他在学生时代受到你的影响不无关系。因为你不只是教他知识，也让他胸怀大志，有了报效祖国的雄心壮志。如果说前者是叩开科学大门的一把钥匙的话，那么，你在教育教学中给予他的奋发向上的精神动力，则支撑着他一往无前，走向辉煌的未来。

李振华 2022 年度"中国青年五四奖章"获得者任纪兰也是我资助过的学生。

曲阜师范大学毕业后，成绩优异的任纪兰放弃了留在大城市和城区学校任教的机会，毫不犹豫地报考了当初我所支教的东里镇，志愿到全县位置最偏远的学校福禄坪小学任教。新教师招聘那天，任纪兰欣欣雀跃地从考场里跑出来，想尽快与我分享实现梦想的好消息。一抬眼便看到我竟然就坐在不远处的马扎上，摇着蒲扇等着她，那一刻，任纪兰热泪盈眶："爷爷，我考上了！我终于成了和您一样的人民教师，实现了我'长大后我要成为您'的诺言。"

任纪兰在山东省道德模范座谈会上

任纪兰从走上教师岗位的第一年起，就资助了两个家庭特别困难的学生，关心照顾留守儿童，工作非常积极。两年后她便光荣加入中国共产党，2001年被评为"山东省道德模范"。她说："我也绝不能让我的学生因为贫困而辍学。"

陶继新　任纪兰是你的好学生，也是人民的好教师。她传承了你献身山村教育的志向，也将你为学生献爱心的品质继续发扬光大。从这个意义上说，你不只是改变了她的命运，更让她拥有了一个和你一样的精神世界。一个人留在城市工作固然不错，可能够扎根乡村教育，则更需要一种勇气与精神。有了收入可以让自己的生活富足一些，可用这些收入资助贫困学生，则有了精神上的富足与升华。

李振华　"全国有色金属教育系统优秀教师""淄博市道德模范"唐守贵，曾是与我吃住在一起数年的贫困生。他从参加工作那天起，就爱岗敬业、勤奋工作，无私地关心帮助着身边每一个孩子。他尽其所能地帮助家庭贫困的学生，积极参加社会公益活动，为山区学校捐赠书籍、体育器材等。31年中，他无偿捐赠近20万元，直接资助孩子60多个，其中有7个孩子完成了从中学到大学的学业。

自1999年开始坚持无偿献血，他累计献血量达7800毫升。2018年通过了淄博市红十字会的血液检测，成为"造血干细胞捐献志愿者"。

陶继新　唐守贵从工作开始就资助贫困学生，与你有着直接的关系。他是你资助过的学生，如果没有你，他也许不能完成学

145

唐守贵在宣讲恩师李振华的感人事迹

业。他和你住在一起多年，潜移默化地受到了你奉献精神的影响。我想，当时他也许就在心里默想："我长大以后，也要像李老师一样做一个无私奉献、品格高尚的人。"他做到了，而且做得很出色，他学习并践行了你的奉献精神，并且乐在其中。

李振华 "齐鲁最美教师"王书奇，也是我的学生，如今已成为沂源县第五实验小学校长。

"自己当了校长，深感肩上责任之重。我常思考该怎么当好一个校长，这时总能回想起自己上学时李振华校长是怎么做的。"他在接受采访时说。

他在学校成立了26支青少年志愿服务队，开展学雷锋志愿活

王书奇荣获"齐鲁最美教师"称号

动，对接 26 个村，组织学生周末到敬老院、孤寡老人家中打扫卫生，开展义务劳动，从小培养孩子们助人为乐、甘于奉献的优良品德。

147

陶继新　王书奇是优秀的老师，也是卓越的校长。他不但自己向你学习，而且引领更多的人向你学习；不是停留在口头上，而是落实在行动中。其实，一个真正意义上的好老师和好校长，不但要业务精湛，更要道德高尚。只有做一个好人，才能将所学的知识真正转化为有益于社会的巨大能量。

李振华　文强家的孩子张恩铭，从幼儿园起就跟随我和文强为贫困学生捐款，走访看望孤寡老人，并用积攒的压岁钱和零花钱为孤寡老人买生活用品，为老人们端水喂饭、打扫卫生、表演节目等。疫情期间，他看到我在捐款，就从存钱罐里取出来爸爸妈妈给的零花钱和压岁钱，并到银行去捐款。银行职员告诉他要到红十字会去捐款。最后是文强带着他，用这些钱买了消毒液、口罩等为孤寡老人送了去。

在学校附近，有一位残疾环卫工，小恩铭看到他手脚不便，还在努力工作，就跑回家为环卫工爷爷端来一杯水："白爷爷，您喝点儿水歇一歇，我帮您打扫。"在之后的日子里，小恩铭经常去帮助白爷爷打扫卫生。

张恩铭为李爷爷献花，祝爷爷教师节快乐

可能是受到我和他父亲的感染，他立志读好书，做社会主义建设者和接班人，并且一直用实际行动践行诺言。他家里经济并不富裕，所以他身上从来不带零花钱。在家里，看到妈妈累了就为妈妈洗脚，见外婆累了就为外婆按摩。在学校，对老师发自内心地尊敬与爱戴，认真听讲，按时完成作业，牢记老师的谆谆教诲，每每以优异成绩报答老师的培育之恩。

他爱党爱国，热爱中华优秀传统文化，是"沂源红"宣讲团、沂源县"全环境立德树人"报告团和"沂蒙精神代代传"报告团成员。他在我设立的"孝德讲堂"上为同学们讲红色文化故事，让沂蒙精神在更多的同学心中深深地扎下根。他现在还是"李振华事迹展厅"的义务讲解员。

他获得了"红领巾奖章"四星章，被评为山东省"美德少年"、山东省优秀少先队员、淄博市"新时代好少年"、淄博市"美德少年"。

陶继新　张恩铭从小就有如此的善德善行，真是令人欣慰不已。这不由得让我想起孔子的话："性相近也，习相远也。"从本质上说，他出生的时候与其他孩子没有多少差别，可是，由于从小受到你们的影响，长期的耳濡目染，在他的心里种下了一颗善德善行的种子，他便像你和文强一样，尽其所能地去做有益于他人的善事。你虽然不是文强的亲生父亲，可他早已把你当成了亲父亲，你也早已把他看成自己的亲儿子；你虽非恩铭的亲爷爷，可他早已把你当成他的亲爷爷，你也早已把他看作自己的亲孙子。从小生活在这样一个"家庭"环境中的孩子，做出如此多的善事，获得那么多的荣誉，可谓水到渠成。

149

我发现，你在如数家珍地谈你所资助孩子的成人成才故事时，脸上洋溢着一种特殊的幸福感。他们没有辜负你的期望，不但成才了，而且在向你学习的过程中做了很多有益于社会的事情。

你资助贫困生上学，不只是解决其一时之忧。他们后来有能力之后，也一直在向你学习，践行着你的德行善举之道。

有的学生考上了大学，只是为了自己将来有一个好的工作，为家庭争光，这与你资助的这些孩子的境界是有天壤之别的。他们在感恩你的时候，也回报社会，播撒着爱的种子。当这样的人越来越多的时候，我们的社会不就越来越美好了吗？

李振华　看到曾经教过和资助过的孩子们成人成才，已经开始回报社会了，我感到很高兴很欣慰。

陶继新　人本主义心理学家马斯洛将人的需求从低到高按层次分为五种，分别是：生理需求、安全需求、社交需求、尊重需求和自我实现需求。从这个意义上说，当你在取得一个又一个成绩的时候，你会为自我价值的实现而自豪。在物质生活上，你比一般人要清贫得多；可是，在精神生活上，你又比一般人富有得多。你的价值实现在于你成就了更多的人，让他们也有了自我价值的实现，也对社会做出了更大的贡献。

附

一、告别南京女友

李振华 我来沂源前，在南京交了个女朋友。我报名要到山东来，她不支持，也不反对，因为她当时认为这就像服兵役似的，到山东待几年就回南京了。后来，我们同时来的 45 个同学，除我之外，都陆陆续续回去了，因为那时候南京刚刚解放，各个单位都缺人，回去后很好找工作。

她看到同学们都回去了，心里着急，多次来信催我快回去。刚开始我回信总是说，等等就回去了，但随着年龄的增长，也该成家了，而我反过来劝说女友也到沂蒙山区工作，因为我与孩子们建立了深厚的感情，舍不得离开他们，再说，我已对乡亲们承诺要一辈子留在这里。因我们的感情比较深，又经我再三动员，她也想来。于是，我向县委书记汇报了情况。

"李老师，你的意见呢？"

"我不想回去。"

"那就想办法把她调到沂源来吧。"

1953 年，来到沂源时李振华刚刚 16 岁

152

那时沂源建立了第一个百货公司，书记想把她调到百货公司。我写信告诉了她县委书记的意思，她准备来山东，但她母亲不同意。她家就她一个孩子，父亲也不在了，她母亲觉得女儿在山东受不了那里的苦。她母亲劝她说："山东那里的大碾盘，你推不动。"最终她还是服从了母亲的意愿，给我寄来一封信说明情况，继续动员我回南京。她在信的最后写道："如果在三个月以内不回来的话，我们两个人的关系就结束了。"

回去的话，建立一个幸福的小家庭，在父母身边也挺美满，但老区人民对国家做出了巨大贡献，这里又这样缺教师，我走了的话，确也对不起乡亲们。考虑再三，我确实与孩子们分不开，我也向乡亲们承诺了，就决不能失信。就这样，我与女朋友分手了。说实话，当时我确实很难过，好几个晚上睡不着。

县委刘书记怕我受不了，专门骑自行车到韩旺安慰我。我很感谢刘书记对我的关心，并向他表示，凡我自己决定的事，决不反悔，请刘书记放心。于是，我又全力投入到工作中。

陶继新　你在南京谈的女朋友各方面条件不错，你们又情投意合，和她结成百年之好，当然会非常幸福。一边是舍不得的沂源教育，一边是南京的女朋友，这的确是一个两难的选择。

对你来说，如果不回南京，就等于断绝了这份爱情。你依然没有回去，这是一般人做不到的。为什么？因为人一生中选择一个情投意合的伴侣并不容易，况且又是南京大都市的大学生。如果回去，你们两个人结为夫妻，一般来说，会生活圆满、相当幸福，但是，那样的话，只是一个家庭的幸福。在你的教育下，这里好多孩子是可以走上幸福之路的，但是你如果离开，便斩断了他们走向幸福的路。

　　你想起了沂源父老乡亲对你的真挚的爱，以及那些需要你培育成才的孩子，最终还是拒绝了女友的要求。如果说你来沂源路上的艰难和初到韩旺小学的吃住之苦是对身体的一种磨砺的话，那么，与女友的分手无疑是对你心理的一种折磨。你经受住了考验，大爱战胜了小爱，真是让人既感动又敬佩！

二、谢绝上调省城

李振华　因我工作比较积极，又入了党，省委宣传部、省教育厅、团省委等部门要调我去省城工作，我都婉言谢绝了。因为我深爱教育，更离不开大山里我心爱的孩子们。

陶继新　如果说没与南京的女朋友结为美满夫妻而选择沂蒙山区艰苦的教育事业体现了你高尚品格的话，那么，省委宣传部等单位调你前去工作而你依然毫不动心，则让人对你产生别样的敬意。一般来说，一个贫困山区的教师，能够脱离"苦海"，到省城去工作，机会真是难得。如果不是对沂蒙山区感情至深又甘于清贫的话，婉言谢绝是绝对不可能做到的。

李振华　我与山里的孩子实在有很深的感情，因为生活在这里很不容易，我从内心里很同情他们。我天天和他们在一起，除了上课，放学后和周末也基本与他们一起参加劳动，拾柴火、挖野菜……一天不见就觉得好像失去了什么一样。

陶继新　我发现，不仅仅是张文强，还有他的孩子，以及沂源好多好多的人，都好像成了你自己的孩子，成了你的家人。真是亲情难舍啊！而且这种亲情，不是两天三天形成的，而是几年、十几年、几十年凝聚而成的，它深入到你的骨髓，融入你的生命里了。

李振华　几十年来，党和人民给了我市级以上荣誉113项，使我得以8次走进人民大会堂接受党和国家领导人的亲切接见。党和政府对我的培养、关爱无法形容，各级领导对我的关心照顾无法形容，不管工作上、生活上还是家庭里的事都给予细致入微的关照。

2022年春节前，我感染了新冠病毒，县委边书记和宋副县长亲自把我送到医院，住进最好的病房，嘱咐医生一定要用好药，还经常到医院看望并安慰我。我怕他们感染不让他们来医院，但他们还是照常到病房看望我。

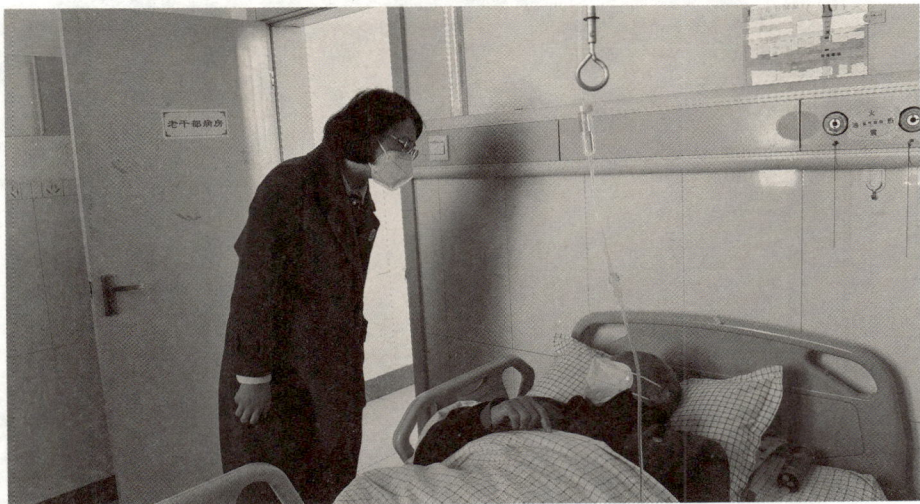

沂源县副县长宋朋朋到医院看望李振华

春节时，张县长、白局长做了菜带到医院陪我吃年夜饭，我感动得直掉眼泪。他们平时也经常到我住处看望我，还专门在学校为我盖了新房，安上自来水、暖气、空调，专门安排人照顾我。

江敦涛同志在淄博任书记时非常关心我，经常在百忙之中来看望我，拿自己的工资买营养品给我捎来，还专门为我成立了医疗专家组，半年查一次身体，并要向他汇报。现在他升任重庆市副市长，还经常给我打电话、发信息，过年的时候把重庆的腊肉给我寄来。我们边书记去重庆考察，他还打听我的身体情况，嘱咐边书记一定要照顾好我。所有这些，都使我非常感动。

市委马晓磊书记经常给我打电话、发信息，询问我的身体、生活情况，再三嘱咐我有什么事就给他打电话，不要对自己太苛刻。他还给文强打电话，嘱咐他一定要照顾好我。

山东省委常委、宣传部部长白玉刚为李振华颁发"齐鲁最美教师"特别奖

作为一名教师，我做了教师应做的平凡小事，这是教师的职责，也是一名共产党员应该做的事情。领导们却如此关爱，我从内心里总觉得过意不去，我觉得自己无论怎么做，都远远不够。

你看，沂源烈士陵园有 1800 多名烈士，基本上都是沂源籍的。沂源人民对新中国的建立做出巨大的贡献和牺牲，跟他们相比，我很渺小。

斗转星移，光阴荏苒，当年的我还是一个幼稚的青年，如今已是白发苍苍的耄耋老人，虽然眼睛不再那么清亮，但更加清晰了来时的方向。70 多年，我亲历了国家飞速发展，更见证了沂源县的巨变，由当年食不果腹、衣不蔽体到今天幸福美满的小康生活，到处高楼林立、青山绿水，交通四通八达，人民幸福安康。对此，我感到无比幸福。

70 多年来，我深切感受到党的培养、领导的关爱和沂源人民的养育之恩。所有这些博大无私的爱，是我扎根老区、奉献教育的源泉。"沂蒙精神"已铭刻在我的脑海中，时时教育着我、激励着我、鼓舞着我，成为我战胜一切困难和挫折的强大精神动力。在沂源这片红色热土上、道德高地上，我将继续为教育事业和经济社会发展贡献自己的一切，直到生命的最后一刻，以实际行动报答党的培养、领导的关爱、沂源人民的养育之恩。

陶继新　你感动于历届领导对你的特别关照。你做了这么多对沂蒙山区老百姓有益的事，如果领导不关心不关注，反而是不正常的。哪一届领导不希望你这样的人越来越多呢？你为大家树立了一个光辉的榜样，从而让更多的人"学而时习之"，让社会变得更加美好。江敦涛书记到了重庆以后，依然念念不忘你所做的贡献。这

阅读教育著作，撰写心得笔记

既说明这位领导有很高的境界，是我们党的好干部，也说明你也是
一位党的好干部。从这个意义上说，你们是息息相通的。

李振华　2024 年第 40 个教师节的时候，我们县的领导把我接去参加庆祝活动，而且县委书记、县长让我坐在他们中间，落座前的第一件事就是县委书记为我献花，全场起立鼓掌。这既体现了领导对我的尊重，更体现了党和政府对老师的尊重、对教育的重视。

陶继新　你们的书记、县长之所以对你如此尊重，一是他们从心里感恩你 70 余载为沂源教育所做的贡献，二是他们在向全县教育界传递一个信息——只要对沂源做出

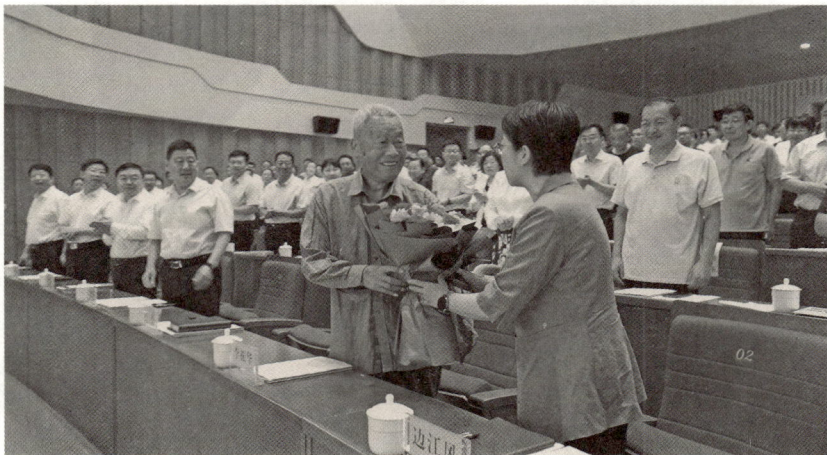

沂源县庆祝第 40 个教师节大会上，县委书记边江风为李振华献花

学生给李振华送的土特产

过重大贡献的教师，就应当成为大家学习的榜样和尊重的对象。

李振华　平时在农村的老学生，有空就来看我，送来南瓜、白菜、玉米、地瓜、萝卜、栗子、核桃，什么都有。有些学生家长专门留一棵苹果树，不上化肥，不打农药，把真正有机的苹果留给我吃；有的留一块菜地，只用农家肥，把种的蔬菜给我送来；还有的学生在河里逮了小鱼、小虾给我送来。我屋里经常放得满满的。不管走到哪里，我都非常受尊重。我感到特别高兴和幸福。

陶继新　他们给你送来的虽然并非价格昂贵的物品，却是他们心中最好的甚至专门为你准备的生活必需品。这些年岁已经不小的学生，念念不忘师恩，足见当年你对他们的关爱之深。这让你感到，作为一名人民教师，是何等幸福！

李振华　就是这样子的。2024 年中秋节放假，我很多老学生从全国各地回家过节，有的学生不是先回家团圆，而是先到学校来看我，给我带一些小礼品，告诉我他们现在的工作、家庭情况及下一步的努力目标。在青岛工作的一个学生，他不从高速公路的前一个出口下去回家，而是直接到县城来，给我带来青岛的大虾、蟹子。在上海的一个学生，给我买来一块手表，我说这块手表我看不懂啊，他就教我怎样用，原来是一个多功能的手环，能测量血糖、血压、心率、血氧。还有个学生给我买来一个小木头锤子，让我捶背用。学生们送来了很多东西，有营养的，有保健的，他们都没有忘了我。我想，老师就像一只老鸟一样，孵出一窝一窝的小鸟，他们长大了，都飞向了远方，我还要守着这个老巢，每当小鸟飞回时，都先来看看这个守巢的"老鸟"。这让我感到特别幸福、特别欣慰。

陶继新 这些学生之所以远道而来，看望你这位恩师，是因为当年你竭尽全力地培养他们，为他们铺就了一条通向成功的路。你的艰辛和付出，他们一直铭记在心。更可贵的是，他们还在祖国的不同地方，做出了突出的成绩，为社会做出了相应的贡献。作为他们的老师，你所感到的幸福和欣慰，便可想而知了。

163

五、百姓由衷敬重

李振华 我感到特别幸运，大家都对我特别尊重。有时候我在街上走，大家大老远地就和我打招呼，说一些祝福的话。有时我和文强的小孩去买玩具，在付钱的时候，玩具店的老板怎么也不收。他说："老师，不用了，您在我们这里劳累了一辈子，您的钱都捐出去做贡献了，您的钱我不能收。"

陶继新 你为沂源教育做出如此大的贡献，老百姓个个心怀感恩之情，所以，就有了你所说的这些表达由衷敬意的言行。天下没有无缘无故的爱，他们之所以如此爱你，是因为你爱沂源的百姓及他们的孩子，你在培养孩子成人成才方面付出了巨大的心血和不凡的智慧。

　　几年前，我连续读了陶继新老师关于学校管理的两本书，书中各位名校长的办学理念、育人智慧让我深感佩服。陶老师的点评分析深入浅出，见解独到，给人以醍醐灌顶、茅塞顿开的感觉。陶继新老师出版著作近 70 本，开设讲座千余场。我由衷钦佩陶老师深厚的教育情怀、先进的教育理念、渊博的学识和无私的奉献精神。陶继新老师是中国教育精神财富的守护者，是中国教育思想的布道者，他用一个灵魂影响千万个灵魂，教育家精神在他身上熠熠生辉。

　　前段时间，接到陶老师的电话，说是要来采访我，和我合作出一本书，并将把书收入山东教育出版社计划出版的"教育家精神传习录"中。我开始是有顾虑的，觉得我只是做了一个老师、一个党员分内的事，不好意思劳驾陶老师为我付出心血，更愧对"教育家"盛名，但陶老师的热情与执着，使我深受感动。一见到陶老师，第一印象是他比实际年龄年轻——70 多岁的他看上去像 50 多岁，依然精力充沛，思维敏捷，思路清晰。交谈中得知，他生活自律，追求朴素，坚持锻炼。中午吃饭的时候，按照陶老师的要求，越简单越好，越快越好，他说不要把时间浪费在吃饭上，要挤出更多的时间去工作，他总是把别人休闲娱乐的时间用在思考、读书、写作上。

与陶老师交流，他总是面带微笑，与之交往越深，越能感受到他的平易近人、为人谦和、豁达大度，给人以如沐春风的感觉。

陶老师和我都是精神的富有者，我们很多对教育的认知和想法总是不谋而合。我们有聊不完的话题，在畅所欲言的对谈中，不知不觉几个小时就过去了，两人都有一种相见恨晚、一见如故的感觉。陶老师总能以他渊博的学识、深邃的思想对我的点滴做法给出鞭辟入里、恰如其分的分析，总能够将实践与理论有机融合，给我启迪。

和陶老师交流最多的是我"洒向学生的全是爱"的为师之道和"一名党员就应该是一面旗帜，一面旗帜就应映红一片蓝天"的理想信念。这得到了陶老师的高度认可，我想这与陶老师对教育的无私大爱、对弘道的不懈追求是一致的。在此，我也号召广大教师以教育家精神为引领，牢记为党育人、为国育才的初心使命，踔厉奋发，笃行不怠。

这本书记录着我来沂蒙山区支教 71 年在平凡的岗位上所做的平凡的事，记录着我工作、生活的点点滴滴，记录着我从教一生的心路历程和精神收获。真诚地感谢陶老师，让我去总结反思我的教育人生。这 71 年，我虽然从意气风发的少年变成步履蹒跚的老者，但我初心如磐，信念坚定，我依然是教育的行者，我仍然要为党的教育事业发光发热。

李振华

2024 年 10 月 8 日